マドレーヌと
フィナンシェの
実験室

配合、材料の検証と48のアレンジレシピ

加藤里名
RINA KATO

誠文堂新光社

はじめに

フランス焼き菓子の定番として広く知れ渡りながら、
食べ飽きることのない普遍的な美味しさが魅力的なマドレーヌとフィナンシェ。
この二つは私が一番初めに習った思い出のフランスの焼き菓子でもあり、
お菓子を研究するというきっかけとなったお菓子でもあります。

それは初心者でも作れる簡単な焼き菓子、
そして焼き菓子の基礎を勉強できる作り方でありながら、
「素材」や「作り方」一つで「味」や「食感」が大きく変化し、
出来上がりを左右してしまうこと。
そして1種類のお菓子として留めて置けないほど、バリエーションの応用が効き、
ケーキの一部としても成り立つ魅力的なお菓子だからではないでしょうか。

マドレーヌとフィナンシェは大抵どのお菓子屋さんにも置いてあり、
風味や特徴がお店ごとに異なります。
作り方を覚えてからは、それを研究するのが楽しく、
フランス留学時には一つ買っては食べ歩いたことはもちろん、
日本に帰ってきてからもパティスリーに入るとついこの二つを手に取り、
自分の好きな味を研究するようになり、魅力にはまっていきました。

本書ではお菓子のフレーバーを紹介するだけでなく、
お菓子作りの際に私がいつも試作するように、
配合や素材でどのように食感や風味、膨らみが変わるのかまで検証しています。
焼き菓子の基礎とも言えるこの二つの焼き菓子で検証することによって、
その材料を入れる意味や効果を知り、
自分の出したい味を追求する手助けができればと思っています。

加藤里名

もくじ
CONTENTS

《材料を替えて作る》

3 油分を替える

マドレーヌのアレンジレシピ

2 フィナンシェの実験室

この本を見る前に
○材料分量はgで表示しています。
○材料の分量が正味量です。野菜、
　卵などは皮や殻など、通常不要と
　される部分は取り除いてから計量
　し、調理してください。
○この本で使用しているバターは塩
　分不使用のバターです。
○レモンやオレンジなどの柑橘類は
　ポストハーベスト農薬不使用のも
　のを使ってください。
○材料や型についてはP8〜9を確認
　してください。
○「常温」とは18度を指します。
○オーブンは家庭で使われている電
　気オーブンを使用しています。温
　度、時間は機種によって異なりま
　すので、様子を見ながら焼いてく
　ださい。またガスオーブンの場合
　は10度下げてください。
○オーブンを予熱するときは天板も
　一緒に温めます。
○電子レンジは600Wのものを使用
　しています。

基本の材料

マドレーヌとフィナンシェを作る時に必要な基本の材料です。用意する時に何が必要なのか、
どんな種類のものがよいかなどの目安にしてください。

薄力粉

小麦粉は、小麦粉に含まれるたんぱく質（グルテン）の質と量が多いものから、強力粉、中力粉、薄力粉の順に分かれます。薄力粉はふんわりと軽い食感に仕上がる「スーパーバイオレット」、強力粉は「カメリヤ」を使用。強力粉はフィナンシェの生地と打ち粉に使用しています。

アーモンドパウダー

生のアーモンドを砕いて粉末にしたもので、生地に加えると香ばしいアーモンドの風味やしっとり感、コクが出ます。油脂が含まれているので、しっとりした食感に仕上がります。皮付きで粉末状にした風味の濃いものと皮無しで粉末にしたものがありますが、ここでは皮無しを使用しています。

ベーキングパウダー

生地をふっくらとふくらませる働きのある膨張剤。ぷっくりと膨らんだおへそが印象的なマドレーヌに使用するほか、フィナンシェに少し入れてふんわりした食感を演出しています。アルミニウム不使用のものを使用しています。

グラニュー糖

グラニュー糖は原料を精製してショ糖を結晶化させ乾燥させた純度の高い砂糖。さらさらとして溶けやすく、癖のない甘みがあります。微粒子グラニュー糖はさらに細かいので生地になじみやすく、お菓子作りのための砂糖です。

はちみつ

はちみつは蜂が花の蜜から作り上げる天然の甘味料です。はちみつは保水性があるため、加えることでお菓子の食感をしっとりとさせ、焼色をつきやすくします。様々な種類がありますが、あまり癖のない好みのものでいいでしょう。

バター

マドレーヌはミルクの風味とコクが活きた「塩分不使用バター」、フィナンシェでは「塩分不使用発酵バター」を使用しています。発酵バターとは、原料のクリームを乳酸菌によって半日以上発酵させて作ったもの。コクが深く、特有の風味が増します。マーガリンではなくバターを使用し風味の良い焼き菓子を作ります。

卵

全卵のLは60g、Mは50g（卵黄20g、卵白30g）を使用。はじめに重量を量ってから使いましょう。基本的にマドレーヌは主に全卵、フィナンシェは卵白を使います。色は白赤どちらでもいいですが、なるべく新鮮な卵を使用するようにします。

バニラエッセンス

バニラはマダガスカルやタヒチなどで栽培されているラン科の植物。独特の甘い香りが特徴です。本書のレシピでは「バニラエッセンス」を使用していますが、「バニラビーンズペースト」を使う場合は、バニラエッセンス5滴をバニラビーンズペースト1gに換算してください。

基本の道具

マドレーヌとフィナンシェを作るのに必要なメインの道具をご紹介。
道具が大きすぎたり小さすぎたりすると作業もしにくく、生地が混ざりにくかったりするので
分量によって道具の大きさも変えることが理想です。

(写真左) **1.ボウル**：生地作りに必要なボウル。直径18cmほどのステンレス製で深型ボウルが使いやすくて便利です。タルト型や15cm丸型で焼く時には21cmほどの大きいものも揃えておくといいでしょう。**2.万能こし器**：粉をふるう時やこす時に必要な万能こし器。網目が粗いものを使用します。大きさはボウルに合わせた直径15cmほどのものが使いやすい大きさです。**3.刷毛**：型にバターを塗る時、アイシングを塗る時などに必要な刷毛。シリコンではなく塗りムラになりにくい天然毛のものがおすすめです。**4.茶こし**：型にバターを塗って強力粉をふるう時、粉糖をふるう時などに使用する粉ふるいの茶こし。変色せず、目詰まりのしないステンレス製を選びましょう。**5.ケーキクーラー**：焼き上がったマドレーヌとフィナンシェはケーキクーラー（網）にのせて冷まします。形は何でも大丈夫です。**6.鍋**：ホーロー製の片手鍋。ホーローは果物を煮たり、ジャムを作る時も酸に強く臭いも移りません。湯煎にかける時に手付きだと便利なので片手鍋がいいでしょう。大きさは直径16cmほどのものを。**7.ゴムベラ**：生地をさっくり混ぜる時などに使用するゴムベラは、弾力性と柔軟性のあるシリコン製がおすすめ。一体型のものが使いやすく、耐久性に優れています。**8.泡立て器**：空気を含ませるように泡立てたり、混ぜたりと出番が多い泡立て器。素材は重たい生地も混ぜやすく耐久性に優れたステンレス製です。

写真右上：マドレーヌ型とフィナンシェのインゴット型はブリキ製を使用。インゴット型外寸218×300mm、1個当たり83×41×10mm 1個あたり25gほど。ホタテ型外寸218×300mm、1個当たり70×70×18mm 1個あたり40gほど。マドレーヌ型外寸218×300mm、1個当たり75×50×14mm 1個あたり25gほど。**写真右下**：スティックフィナンシェ型外寸260×198×H20mm、1個当たり150×30×H15mm 1個あたり35gほど。シリコンサバラン型外寸175×300mm、1個当たりφ65×H21mm 1個あたり35gほど。マフィン型外寸265×185×H30mm、1個当たり上面65×底面45×H30mm 1個あたり35gほど。ミニマドレーヌ型外寸395×125mm、1個当たり42mm 1個あたり7gほど。

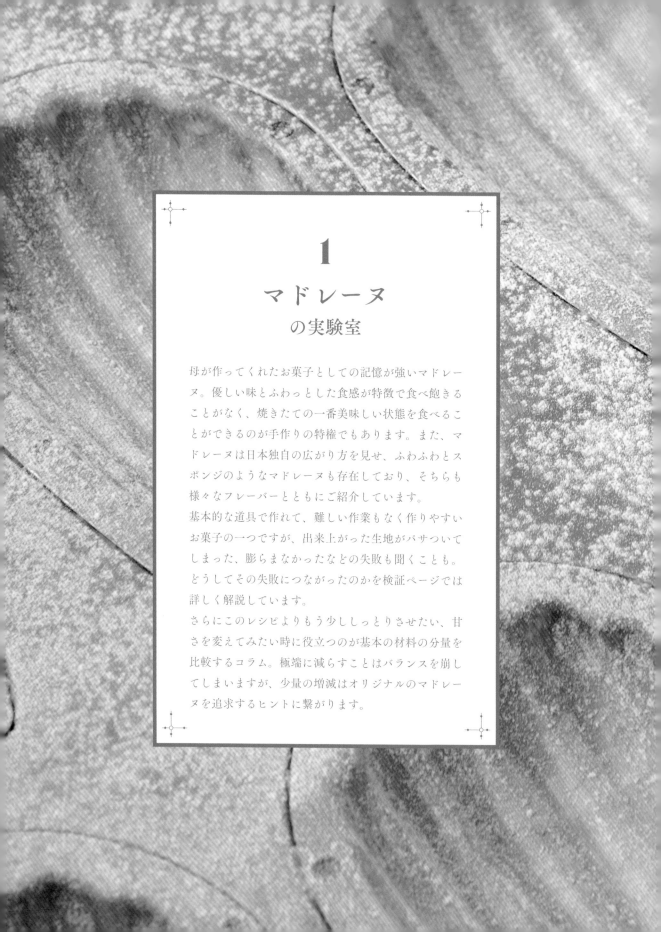

1

マドレーヌ
の実験室

母が作ってくれたお菓子としての記憶が強いマドレーヌ。優しい味とふわっとした食感が特徴で食べ飽きることがなく、焼きたての一番美味しい状態を食べることができるのが手作りの特権でもあります。また、マドレーヌは日本独自の広がり方を見せ、ふわふわとスポンジのようなマドレーヌも存在しており、そちらも様々なフレーバーとともにご紹介しています。

基本的な道具で作れて、難しい作業もなく作りやすいお菓子の一つですが、出来上がった生地がパサついてしまった、膨らまなかったなどの失敗も聞くことも。どうしてその失敗につながったのかを検証ページでは詳しく解説しています。

さらにこのレシピよりもう少ししっとりさせたい、甘さを変えてみたい時に役立つのが基本の材料の分量を比較するコラム。極端に減らすことはバランスを崩してしまいますが、少量の増減はオリジナルのマドレーヌを追求するヒントに繋がります。

マドレーヌの由来

HISTORY OF MADELEINES

マドレーヌと聞くと多くの人が貝殻の形のお菓子とイメージできる、日本でも広く知れ渡った焼き菓子ではないでしょうか。

そんななじみのある貝殻の形をしたお菓子の由来は諸説あります。

ある説は、マドレーヌさんという女性が聖地巡礼でサンティアゴ・デ・コンポステーラへ向かう巡礼者のためにお菓子を与えたことがきっかけとなったというもの。実は帆立貝は聖ヤコブのシンボルであり、彼女は帆立貝を型にして、卵を使ったお菓子を作り、自分の名前をお菓子に名付けたそうです。

また他の説では同じくマドレーヌさんという女性が生み出したと言われ、フランスのロレーヌ地方のコメルシーという街が発祥と言われています。

18世紀後半、この地を治めていたスタニスラス・レクチンスキー公がロレーヌ公国のお城で主催した宴会でのこと。パティシエが料理長と喧嘩して帰ってしまい、お手伝いのマドレーヌさんがありあわせの材料を使って、ホタテの貝殻でお菓子を焼いたら大好評。美食家として知られるスタニスラス公も気に入ったそうで、彼がフランス王ルイ15世の王妃マリーの父であったことから、その評判はパリへ伝わり、その後フランス全土へ広がったと言われています。

その他にも様々な説があるようですが、ヴェールに包まれていればいるほど興味が湧くものです。

日本ではアルミ型で作るマドレーヌが最初に広まり、マドレーヌといえばパンドジェーヌのようなアーモンドが入ったふわっとしっとりした、おへそのないジェノワーズのようなものでした。貝殻型のマドレーヌを職人が日本に持ち帰り、その形が定着したのはここ数十年のことのようです。

基本のマドレーヌ

フランスの代表的な焼き菓子「マドレーヌ」。真ん中がぷっくりと膨らみ、
中がふんわり、しっとりした基本のマドレーヌをマスターしましょう。

材料（マドレーヌ型8個分）

1 無塩バター…60g（常温に戻す）
2 はちみつ…10g
3 全卵…60g／L玉1個分（常温に戻す）
4 グラニュー糖…40g
5 レモンの皮…0.5個分
6 バニラエッセンス…5滴
　　（またはバニラビーンズペースト1g）
7 薄力粉…50g
8 ベーキングパウダー…2g

下準備

1 薄力粉とベーキングパウダーは目の粗いザルで合わせてふるっておく。

2 型に刷毛で常温のバターを均一に塗って強力粉をふり、余分な粉をはたいて、冷蔵庫に入れておく。

（型の下準備が済んだ状態）

3 グラニュー糖にレモンの皮をすりおろして混ぜておく。

4 鍋に水を入れて70度ほどに温めておく。

基本の
マドレーヌの
作り方

· · · · ·

1 バターをボウルに入れて湯煎で溶かす。はちみつを加えて50度を保っておく。

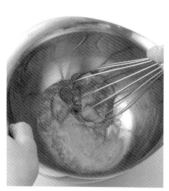

2 別のボウルに全卵を入れて泡立て器で軽くほぐす。グラニュー糖、レモンの皮、バニラエッセンスを加え、軽くすり混ぜる。

3 2のボウルを70度ほどの湯煎にかけて泡立て器ですり混ぜ、糖類が溶け卵液が40度ほどになったら湯煎からおろす。

4 ふるっておいた粉類を一度に加え、泡立て器で20回円を描くようにすり混ぜる。

5-1 1の50度に保ったバター類を半分加え、泡立て器で10回円を描くようにすり混ぜる。

5-2 残りのバター類を加え、ゴムベラで周りを払い、4と同様に10回すり混ぜる。

6 ボウルにラップをし、生地を3時間ほど冷蔵庫で冷やして休ませる。

オーブンは焼く前に天板も一緒に200度に温め、予熱する。

7 休ませた生地をゴムベラで滑らかにし、スプーンで型の8分目(25g)まで入れる。ここで生地が余ったらアルミカップに入れるか、再度マドレーヌ型に入れて焼く。

8 200度に温めておいたオーブンを180度に下げ、180度で12分焼く。

9 オーブンから出したら型から外し、網に立てかけて冷ます。生地に弾力があり、均一に茶色く色づいている状態になったらOK。完全に冷めたら袋に入れて封をする。

常温で
3〜4日間
保存可能

失敗しない生地の作り方を検証

シンプルな材料で気軽に作れるマドレーヌ。
ふんわり、しっとりした理想のマドレーヌを作るために、
材料の性質を把握し、基本の混ぜ方をちゃんと覚えることが大切です。

STEP 1

下準備編

型を準備する

下準備は、お菓子作りの最も基本的で、大切なプロセス。型に柔らかいバターを塗る、強力粉を均一にはたく、冷蔵庫で型を冷やすなどをきちんとしておかないと失敗に繋がります。糖度が高いマドレーヌ生地は型にくっつきやすいので、バターと粉をはたくことでバターの風味も損なわず、きれいな焼き色、型離れ良くきれいな貝殻の模様を出すことができるのです。

※シリコン加工が施された型やシリコン型はバターのみできれいに剥がれる場合があります。

きれいにできたマドレーヌ

正面　　　　　背面　　　　　断面

マドレーヌ型にはバターを刷毛で均一に薄く塗り、茶こしで強力粉をふるい、余分な粉は落とします。
型は冷蔵庫で冷やしておくと型離れが良くなります。

失敗例

型にバターをまだらに塗ると
焼き色もまだらになる

型にバターが均一に塗れていなかったり、貝殻の溝の部分にバターが塗れていないと型に生地がくっついてしまったり、表面の焼き色がまだらになってしまいます。その他、バターが部分的に厚くなってしまうと熱が均一に伝わらず、膨らみが悪かったり、味も油っぽく仕上がります。

バターを塗りすぎると
生地が反り返る

バターを全体に塗りすぎると、生地を揚げたような仕上がりになり、生地がそり返ってしまいます。また、バターが厚いため生地に熱が入りにくくなるので、焼き色も薄くなります。味は、まだらに塗った場合同様、油っぽくなります。

粉をつけすぎると
表面が白く粉をふいたように

打ち粉をふりすぎて、余分な粉を落とさない状態で生地を焼いてしまうと、表面に粉の塊ができたり、焼きムラに繋がります。また、打ち粉は強力粉を使いましょう。強力粉は粒子が粗いので、粒子同士がくっつきにくく、型全体にまんべんなく薄くつけることができます。

バターと粉をはたいた型を常温に
置いておくと型離れが悪くなる

常温に置くと型離れが悪くなるだけでなく、油染みもできやすく、パサついた食感になります。また、バターは柔らかいバターを塗ります。溶かしバターは流れやすいのでバターが底に溜まり、そのまま粉をはたくと粉も溜まった状態になってしまうことがあります。

混ぜ方編 ⟨1⟩

卵と砂糖を混ぜる

卵と砂糖を混ぜる時の鉄則は、空気を入れずに泡立て器で
円を描くようにすり混ぜることです。

空気を入れないようにすり混ぜて
素材同士をなじませる

空気を入れないようにし
て、泡立て器で円を描く
ようにすり混ぜる。

焼き上がり

正面　　　　背面　　　　断面

マドレーヌはオーブンの庫内が高温になった時、卵の水分が水蒸気になって膨張する力を使って生地を膨らませているため、素材同士をすり混ぜてなじませます。空気を入れるように泡立てて混ぜると、大きな気泡ができてしまい、焼き上がったマドレーヌはパサついて、しっとり仕上がりません。また、焼き上がりは、生地が広がり、時間が経つとしっとり感が失われてしまいます。グラニュー糖は卵と合わせて湯煎にかけることで、砂糖が溶けて素材同士がなじみ口どけが良くなり、さらに膨らみが良くなります。

空気を入れて混ぜると
パサついた生地になってしまう

空気を入れるようにして、泡立て器で1分ほど泡立てた状態

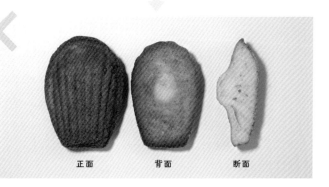

焼き上がり

| 正面 | 背面 | 断面 |

混ぜ方編 ②

生地と粉を混ぜる

粉類を入れてからは、必要以上に混ぜないことが大事です。ここで混ぜすぎると
膨らみが悪くなり、目が詰まって硬く膨らまない生地になってしまいます。

適度な速さで混ぜ
粉っぽさがなくなればOK

泡立て器を垂直に持って一
定の速さですり混ぜる。速
すぎても遅すぎてもNG。

焼き上がり

正面　　　　　背面　　　　断面

小麦粉に水分が加わることでたんぱく質の一種であるグルテンが形成されます。
しかし混ぜすぎると、生地の粘りが強まって必要以上にグルテンが形成されてしまい、焼いている最中の膨らみを妨げることになり、焼き上がりは目の詰まった、硬い生地になってしまいます。また火通りが悪くなり、生地の焼き色が薄く、生焼けのような食感になります。味わいは小麦に火が通っていないような味となり、風味にも影響が出てしまいます。

粉類を入れてから混ぜすぎると
硬いマドレーヌになる

通常の倍の50回以上混ぜた場合。生地にツヤは出るが焼いてみると硬いマドレーヌに。

焼き上がり

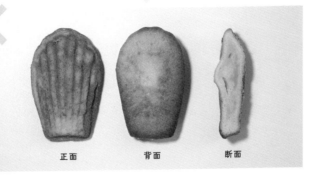

正面　　　背面　　　断面

バターの温度を変える

バターの温度を 20 度、40 ～ 50 度、100 度の 3 種で検証。
バターの温度が低いと生地に混ざりきらず、焼き上がりの断面に気泡がなくなり、
逆に高すぎるとしっとり感がない生地になります。

バターの温度が **低い（20度）と** 生地に入り込みにくい	バターを**40～50度で** 加えると 生地に入り込みやすい

温度が低いとバターが固まるので生地に入り込みにくくなる。また、たくさん混ぜてしまうので硬い生地にもなってしまう。

泡だて器で空気を含ませないように円を描くように混ぜる。全体にバターが混ざり、生地にツヤが出ればOK。

生地にバターを加える際は、生地に均等に混ざるように流動性のある40〜50度に調整し、生地に混ぜ込むことが大事です。

一度溶かしたバターが20度以下になると、再びバターが固まってしまい、生地に入り込んでいかなくなります。また、粘性が高く生地に分散しにくいので混ぜる回数が増えて硬い生地となり、断面は気泡ができず膨らみのないマドレーヌに。風味もバターの香りが損なわれ、甘みも感じにくい味になります。

一方鍋で100度近くなるまで火を入れたバターを加えても、卵に火が入ってしまうことで、しっとり感がなく、翌日パサついたマドレーヌになってしまいます。

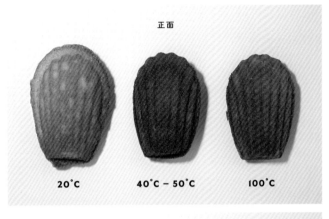

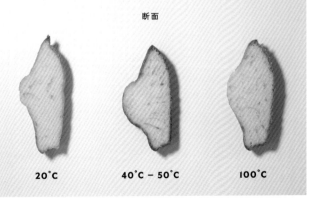

バターの温度が
高い（100度）と
卵に火が入ってしまう

焼き上がりは　　こう変わる

鍋にバターを入れて直火で100度に溶かしたバターを生地の中に加えると、卵に火が入ってしまい、しっとり感を感じないマドレーヌに。

正面

20℃　　40℃ − 50℃　　100℃

背面

20℃　　40℃ − 50℃　　100℃

断面

20℃　　40℃ − 50℃　　100℃

寝かせ方編

生地の寝かせ方

型に入れる前に生地を3時間冷蔵庫で寝かせてしっとりと風味の良い生地にします。
生地を寝かせない場合、寝かせる時間の変化について検証してみました。

同配合のマドレーヌのレシピは、生地を3時間ほど寝かせることで膨らみも良くさらにしっとりした生地に仕上がります(生地を寝かせずにそのまま焼く配合もあります)。生地を寝かせる効果としては、混ぜた生地のグルテンが弱まることでしっかり膨らむこと、そして素材同士がなじむので、バターの風味や砂糖の風味がしっかり感じられ、ソフトな口当たりになることです。
生地を寝かせない場合は、素材がなじんでいないため生地が広がり食感がパサつきやすくなりました。
一方、一日寝かせた生地はしっとり感が長く続きます。ただ、ベーキングパウダーの種類によっては、水分に反応しすぎて膨らみが悪くなることがあります。

生地を寝かせないと 生地が広がってしまう

正面　　　　背面　　　　断面

素材同士がなじんでいないので生地が広がりやすく食感もパサつきやすい。また生地とオーブンの温度差が小さいので膨らみが悪い。

生地を3時間寝かせた
良い状態

正面　　　　　背面　　　　　断面

生地を寝かすと、素材の結びつきが良くなり、ソフトな口当たりになる。

生地を1日（18〜24時間）寝かせると
膨らみが弱い

正面　　　　　背面　　　　　断面

膨らみは少し少ないが、しっとりした食感がより長く続く。

焼き方編 ①

焼く前の生地の温度を変える

ぷっくりとしたおへそが出たマドレーヌを作るには生地の温度とオーブンの温度の調節が
重要です。まずは、生地が常温の時としっかり冷やした時の差について検証しました。

焼く前に生地をしっかり冷やしておくと、オーブンの
温度との差が出て、その温度差を利用することで、お
へそが出て、軽い食感の生地になります。マドレーヌ
型は中央が深く、周りが浅いため、火の通りが早い周
りから固まり、固まっていない中央の部分が盛り上が
ることでおへそができ、ふっくらとした生地ができあ
がります。

正面　　　　背面　　　　断面

生地を常温（18度）に戻して焼くと型離れが悪い

生地が常温に戻ると、型にはたいたバター
や粉が混ざり、型離れが悪くなる。ま
た、オーブンとの温度差が小さくなるの
で、膨らみが悪くなる。

正面　　　　背面　　　　断面

生地を冷やして焼くと温度差ができてふっくらする

オーブンの高温と生地の冷たさの温度差
を利用するとふっくらと膨らんだ生地に。

焼き方編 ②

温度比較 ## **オーブン**の温度を変える

次にオーブンの温度を変えて焼いてみました。生地の温度とオーブンの温度の
温度差が開いていることで膨らみが良くなり、食感も変化することを検証しました。

生地の温度とも関係しており、オーブンをしっかりと温めて生地との温度差をしっかり出すことが重要です。そこでしっかりオーブンは予熱し、天板も一緒に温めて充分に庫内を温めておきましょう。

予熱が充分でなかったり焼き温度が低いと温度差が少ないため、ふっくらした生地ができにくくなります。一方おへそが爆発する場合は、上火が強いことで表面の生地が先に固まり行き場がなくなった生地が噴火することが理由の一つです。生地をしっかり休ませた上でオーブンの温度を少し下げるなどの工夫をしてみましょう。それぞれのオーブンの特徴によっても仕上がりが変わります。膨らみが少ないようなら庫内を充分に温めた上で、温度を少し上げるなどして調節を。

写真左側：予熱なし、焼成160度、15分
膨らみが少なく、気泡も小さい。焼き色が薄いので、生地の焼き色を活かしたい時は予熱をしっかりした上で低温で焼くことも。

写真中央：予熱200度、焼成180度、12分
中央からガスが抜けているのがわかる、焼き色も均一になる。

写真右側：温度を変えて焼く、予熱200度、200度で4分、180度で7分
出来たてはカリカリふわふわ、次の日もしっとり。高温であれば好みの食感を追求して温度を変えてもいい。オーブンによっては周りの焼き色が濃くなりすぎてしまうことも。

正面

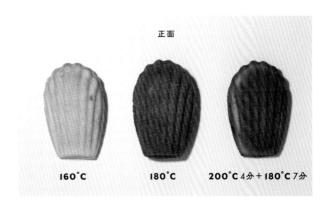

160℃　　180℃　　200℃ 4分＋180℃ 7分

背面

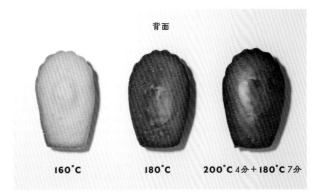

160℃　　180℃　　200℃ 4分＋180℃ 7分

断面

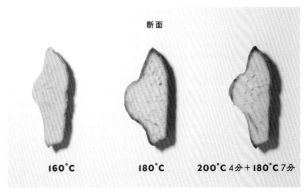

160℃　　180℃　　200℃ 4分＋180℃ 7分

生地とオーブンの温度差を利用してしっかり膨らみ、ガスが中央からきれいに
抜けているのが理想的。表の焼き色、裏の膨らみ、断面の気泡などに注目を。

フランスでは、お菓子の発祥の地で当時の
お菓子の味を今でも作り続けているお店も多
く、フランスへ訪れた際は当時の味を求めて
私自身も度々地方を廻りお菓子屋さんを訪ね
ることが楽しみとなっています。

フランスへ留学していた際には、マドレー
ヌの発祥の地と言われる、フランスのロレー
ヌ地方のコメルシーや中心部のナンシーとい
う街も訪ねました。

まず訪れたのはナンシー。パリから電車で
2時間ほど、ナンシーはロココとアールヌー
ヴォーの二つの芸術様式が発達した街でもあ
り、その様式の建築は街の中心部スタニスラ
ス広場や様々な建物などに今でも残されてい
ます。

マドレーヌの由来のお話でも登場したロレ
ーヌ公国を治めていたスタニスラス公は美食

マドレーヌ 発祥の地 コメルシーを 訪ねて

● COMMERCY

家でもあり宮殿を構え、栄えたことからこの時代にマドレーヌを始めババオラムなど有名なお菓子が生まれたとされています。またキッシュロレーヌもこの土地の料理。スタニスラス広場で食べたキッシュロレーヌも私の思い出の一つです。

ナンシーからさらに電車に乗って訪れたコメルシーは、のどかな街。かつてはコメルシー駅のホームでマドレーヌが木箱に入れられて販売され、多くの人にマドレーヌが知られるようになったようで、コメルシー産のものは「コメルシーのマドレーヌ」として地名込みの名称で親しまれているようです。

コメルシーにあるマドレーヌ店の中でも街の中心から歩いて15分ほどにある「ボワット・ア・マドレーヌ La boîte a Madeleines」の工房では、ガラス越しに作業風景を見ることができ、印象に残っているお店です。

私が訪れた際はちょうどしっとりした生地ができあがるように蜂蜜や転化糖を入れている作業をしている時でした。

マドレーヌの基本は卵、砂糖、粉、バターが同量の生地。もともとはとてもシンプルで素朴なお菓子です。日本だとマドレーヌは手土産として購入するような、かしこまったお菓子という印象がありますが、フランスのスーパーや工場では大量にマドレーヌを詰めた大きな袋がどさっと気軽な形で売られており、食べ歩き感覚のお菓子なのだなと感じます。

また、フランスでは、好きなお菓子を尋ねると多くの人がマドレーヌと答えるそうで、日本人でいうおせんべいのようないつも家にある気軽なお菓子という意識が強いのだと感じました。

分量を変える比較実験

一つの材料の分量を変えてみると、どの素材が何の役割を果たしているかが明確になります。
これを参考に食感や味を考慮し、マドレーヌをアレンジして
自分好みのマドレーヌを作ってみてはいかがでしょう。

正面

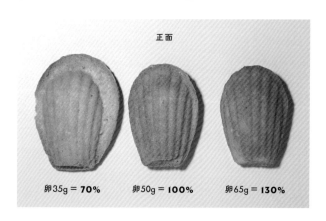

卵35g = **70%**　　卵50g = **100%**　　卵65g = **130%**

背面

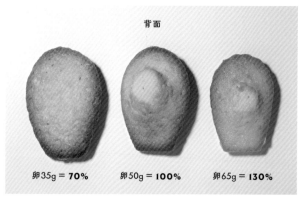

卵35g = **70%**　　卵50g = **100%**　　卵65g = **130%**

断面

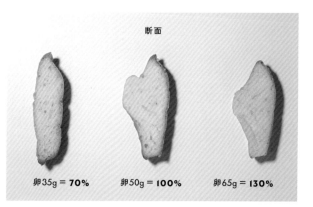

卵35g = **70%**　　卵50g = **100%**　　卵65g = **130%**

検 証

卵の分量を変える

卵はお菓子の構造や風味を形成する上で欠かせない材料です。卵白にはタンパク質が含まれており、この成分が生地を膨らませる起泡性や生地を固める凝固性につながり、卵黄は油分と水分など混ざり合わないものの乳化を助ける役割があります。そこで、卵が少ないと水分も少なくなるので膨らみが小さくなり、卵が多いと生地はしっとり感が増します。個人的には卵を少し多めに入れた方がしっとりとした食感につながるので、基本のマドレーヌでは卵の分量を少し多くしています。

卵の量を変えると
膨らみや生地の
しっとり感が変わる

卵の量を変化させると、生地の膨らみやしっとり感に影響が出てきます。

検 証

2

砂糖の分量を変える

グラニュー糖はクセのないあっさりとした甘さを表現する力があります。それだけでなく、食品の水分を保持する保水性を持ち、しっとりさを保つ要素と食品を腐りにくくする役割があります。また、砂糖に含まれる還元糖の働きにより美味しそうな焼き色を付ける役割もあるため、グラニュー糖の量を減らすと生地の焼き色が薄くなり、硬く膨らみのない生地になってしまいます。また、砂糖が多いと生地が広がりやすく過剰な保水性によりべたついた生地になりがちです。

多くの還元糖を含むはちみつを加えるとよりしっとりと、色も付きやすくなります。

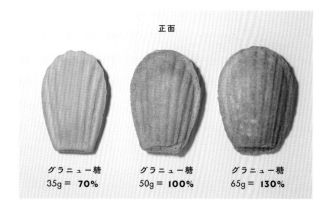

正面

| グラニュー糖 | グラニュー糖 | グラニュー糖 |
| 35g ＝ **70%** | 50g ＝ **100%** | 65g ＝ **130%** |

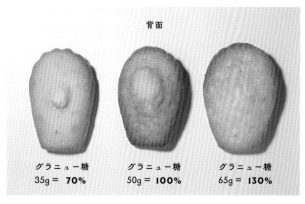

背面

| グラニュー糖 | グラニュー糖 | グラニュー糖 |
| 35g ＝ **70%** | 50g ＝ **100%** | 65g ＝ **130%** |

砂糖の量を変えると
焼き色や生地の
膨らみが変わる

砂糖は単に甘さを出すだけではなく、焼き色を付け、しっとりさせる効果も。甘みを控えるため砂糖の分量を減らすと焼き色が薄く膨らまない生地にも繋がります。

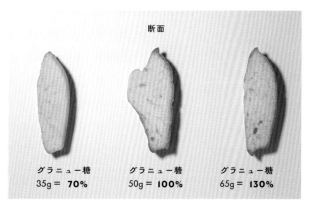

断面

| グラニュー糖 | グラニュー糖 | グラニュー糖 |
| 35g ＝ **70%** | 50g ＝ **100%** | 65g ＝ **130%** |

材料を替えて作る

基本のマドレーヌとは異なる材料を使って、マドレーヌの
フレーバーの幅を広げてアレンジしていきます。

1 砂糖を替える

原料や製造法の違いなど様々な砂糖があります。
それぞれの素材の特徴を把握し、配合を変えていきます。

キャラメルを加えて作る
マドレーヌ
・・・・

キャラメルを入れると、生地があまり
膨らまずむっちりした生地になりやす
くなります。キャラメルには油分が入っ
ているため、バターは少ない配合に。
また、キャラメルの味をしっかり出す
ため、多めに加えています。

材料（マドレーヌ型8個分）

無塩バター…45g（常温に戻す）

キャラメル…30g

全卵…50g（常温に戻す）

グラニュー糖…40g

バニラエッセンス…5滴

　（またはバニラビーンズペースト1g）

薄力粉…50g

ベーキングパウダー…2g

キャラメル（作りやすい分量）

グラニュー糖…50g

塩…1g

水…10g

生クリーム脂肪分36%…50g

キャラメルの作り方

a

鍋にグラニュー糖と塩、水を入れて中火にかける。生クリームは耐熱容器に入れて電子レンジで20秒温める。

b

aが茶色くなったら火を止め、生クリームを3回に分けて入れてゴムベラでよく混ぜる。

c

再び弱火にかけ、とろみがつき、75gになるまで5分ほどゴムベラで混ぜ、耐熱容器で冷ます。

下準備

○P13基本のマドレーヌの下準備1、2、4を参照する。

○オーブンは焼く前に天板も一緒に200度に温め、予熱する。

○キャラメルを作っておく（a）（b）（c）。

断面

作り方

1　バターをボウルに入れて湯煎で溶かす。キャラメル30gを加え、50度を保っておく。

2　別のボウルに全卵を入れて泡立て器で軽くほぐす。グラニュー糖、バニラエッセンスを加え、軽くすり混ぜる。

3　P14基本のマドレーヌの作り方3〜9を参照する。

メープルマドレーヌ
. . . .

独特な香りと甘みがあるメープルシュガー。加える糖分がメープルシロップだけだと膨らみが悪く、じっとりした食感になるので、グラニュー糖の部分をメープルシュガーにしてふわっとした生地にします。

材料（マドレーヌ型8個分）

無塩バター…60g（常温に戻す）
メープルシロップ…10g
全卵…60g（常温に戻す）
メープルシュガー…40g
バニラエッセンス…5滴
　（またはバニラビーンズペースト1g）
薄力粉…50g
ベーキングパウダー…2g

カエデの樹液を煮詰めて作った甘味料。水分を除いて顆粒にしたものがメープルシュガー。

下準備

○P13基本のマドレーヌの下準備1、
　2、4を参照する。
○オーブンは焼く前に天板も一緒に
　200度に温め、予熱する。

断面

作り方

1　バターをボウルに入れて湯煎で溶かす。メープルシロップを加え、
　50度を保っておく。
2　別のボウルに全卵を入れて泡立て器で軽くほぐす。メープルシュガー、バニラエッセンスを加え軽くすり混ぜる。
3　P14基本のマドレーヌの作り方3〜9を参照する。

黒糖マドレーヌ
· · · ·

黒糖はサトウキビから作った砂糖で、濃厚な風味と
甘みを持っています。そこでグラニュー糖の分量よ
り少し減らして作ります。

材料（マドレーヌ型8個分）

無塩バター…60g（常温に戻す）
はちみつ…10g
全卵…60g（常温に戻す）
黒糖…35g
バニラエッセンス…5滴
　（またはバニラビーンズペースト1g）
薄力粉…50g
ベーキングパウダー…2g

サトウキビの絞
り汁を煮詰めて
作った砂糖。

断面

下準備

○P13基本のマドレーヌの下準備1、2、4を参照する。
○オーブンは焼く前に天板も一緒に200度に温め、予熱する。

作り方

1 P14基本のマドレーヌの作り方1を参照する。
2 別のボウルに全卵を加え、泡立て器で軽くほぐす。黒
　糖、バニラエッセンスを加え、軽くすり混ぜる。
3 P14基本のマドレーヌの作り方3〜9を参照する。

低糖質マドレーヌ
· · · ·

材料（マドレーヌ型8個分）

無塩バター…60g（常温に戻す）　　薄力粉…40g
はちみつ…10g　　　　　　　　　ベーキングパウダー…2g
牛乳…10g　　　　　　　　　　　アーモンドパウダー…20g
全卵…50g（常温に戻す）
ラカント…20g
グラニュー糖…10g
バニラエッセンス…5滴
　（またはバニラビーンズペースト1g）

「羅漢果」高純度
エキスと「エリス
リトール」、2つの
天然素材から作ら
れた自然派甘味料。

ラカントはパサつきやすいので
牛乳を入れて対応を。ラカント
だけだと甘みをしっかり感じな
いのでグラニュー糖も加えます。

下準備

○薄力粉、ベーキングパウダー、アーモンドパウダーは目
　の粗いザルで合わせてふるっておく。
○P13基本のマドレーヌの下準備2、4を参照する。
○オーブンは焼く前に天板も一緒に200度に温め、予熱する。

作り方

1 バターをボウルに入れて湯煎で溶かす。はちみつ、牛乳も加え、50度を保っておく。
2 別のボウルに全卵を入れて、泡立て器で軽くほぐす。ラカント、グラニュー糖、
　バニラエッセンスを加え、軽くすり混ぜる。
3 P14基本のマドレーヌの作り方3〜9を参照する。

断面

2 粉を替える

生地の一部にアーモンドを入れたり、米粉に置き換えるなど、素材を替えることによって
グルテンの形成の仕方も変わってくるため、どのような食感になるのか実験します。

米粉のマドレーヌ
・・・・

グルテンフリーとして注目されている
米粉。グルテンがない米粉は、膨らみ
は控えめですが、もっちりとした食感
に。米粉は吸水性が高いので、小麦粉
のレシピよりも粉の分量を少なくし、
水分はやや多めにして作ります。

材料（マドレーヌ型8個分）

無塩バター…60g（常温に戻す）
はちみつ…15g
全卵…60g（常温に戻す）
グラニュー糖…40g
レモンの皮…0.5個分
バニラエッセンス…5滴
　（またはバニラビーンズペースト1g）
米粉…45g
ベーキングパウダー…2g

うるち米でできた製菓用の米
粉を使用。製菓用は気泡を潰
さずふわっと仕上がるように
細かく加工されています。

下準備

○P13基本のマドレーヌの下準備を
　参照する。ただし、粉類はふる
　わずにベーキングパウダーと合
　わせておくだけで良い。
○オーブンは焼く前に天板も一緒に
　200度に温め、予熱する。

断面

作り方

1 P14基本のマドレーヌの作り方**1〜5**を参照する。

2 ボウルにラップをし、生地を30分ほど冷蔵庫で冷やして休ませる。

3 P15基本のマドレーヌの作り方**7〜9**を参照する。

NOTE 米粉のメーカーや種類によって水分の吸水率も大きく変わってくるので、米
　　　　粉の分量を調節して理想のマドレーヌを作り上げてください。

アーモンドパウダー入り マドレーヌ
・・・・

材料（マドレーヌ型8個分）

無塩バター…60g（常温に戻す）

はちみつ…10g

全卵…50g（常温に戻す）

グラニュー糖…35g

レモンの皮…0.5個分

バニラエッセンス…5滴

（またはバニラビーンズペースト1g）

薄力粉…30g

ベーキングパウダー…2g

アーモンドパウダー…20g

NOTE アーモンドパウダーに香ばしさと甘みを感じるので砂糖を少し少なめの配合にしました。

下準備

○薄力粉、ベーキングパウダー、アーモンドパウダーは目の粗いザルで合わせてふるっておく。

○P13基本のマドレーヌの下準備2〜4を参照する。

○オーブンは焼く前に天板も一緒に200度に温め、予熱する。

近年はマドレーヌにアーモンドパウダーを加えるレシピが増えています。粉の一部にアーモンドパウダーを加えることで、しっとり感とコクが増します。

作り方

1 P14基本のマドレーヌの作り方1〜9を参照する。

断面

材料（マドレーヌ型8個分）

無塩バター…50g（常温に戻す）

はちみつ…10g

全卵…50g（常温に戻す）

グラニュー糖…40g

レモンの皮…0.5個分

バニラエッセンス…5滴

（またはバニラビーンズペースト1g）

マジパンローマッセ…15g

（常温に戻して滑らかにする）

薄力粉…40g

ベーキングパウダー…2g

 アーモンド：砂糖＝2：1の割合で転化糖が加わったペーストを使用。

下準備

○P13基本のマドレーヌの下準備を参照する。

○オーブンは焼く前に天板も一緒に200度に温め、予熱する。

断面

マジパンローマッセ入り マドレーヌ
・・・・

アーモンドパウダーよりもさらにしっとりとした生地感に仕上がり、アーモンドのより高い香りを引き出します。

作り方

1 P14基本のマドレーヌの作り方1〜3を参照する。

2 P14基本のマドレーヌの作り方3の卵液の一部をマジパンローマッセに加えて混ぜ、滑らかにして（a）、3のボウルに戻し（b）混ぜる（c）。

3 P14基本のマドレーヌの作り方4〜9を参照する。

a
マジパンは常温に戻して滑らかにする。

b
生地の一部を混ぜ合わせてダマを取る。

c
bを全体の生地に加えるとなじみやすい。

分量を変える比較実験

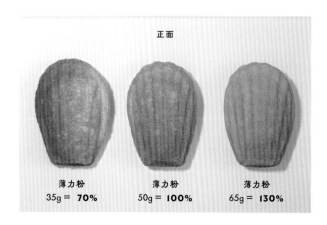

正面

薄力粉
35g = **70%**　　薄力粉
50g = **100%**　　薄力粉
65g = **130%**

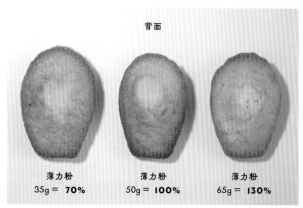

背面

薄力粉
35g = **70%**　　薄力粉
50g = **100%**　　薄力粉
65g = **130%**

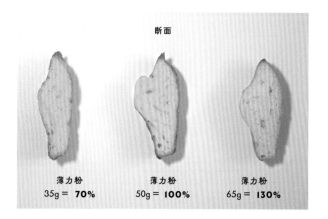

断面

薄力粉
35g = **70%**　　薄力粉
50g = **100%**　　薄力粉
65g = **130%**

検 証

3

粉の分量を変える

小麦粉の成分の一つ、タンパク質に水分が加わることによってグルテンが形成されます。グルテンは生地の中で網目状に広がって骨組みを形成し、それを焼き上げることで固まり、ふわっとした弾力を作り上げる働きがあります。小麦粉の配合が多いとグルテンが多く形成されすぎて固くぱさついた食感になり、少ないと膨らまず広がりやすい生地になってしまいます。
ふわっとした食感を出すにはタンパク質の少ない薄力粉を使用します。

↓

小麦粉の量を変えると
膨らみと弾力
が変わる

小麦粉はお菓子の骨格作りを担っているため、少ないと生地が広がりやすくなり、多すぎるとパサついてきます。

検証
4

バターの分量を変える

バターは乳脂肪から作られた動物性固形油
脂。マドレーヌにおいて油分は、空気を抱き
込む働きがあるので、ふっくらさせる効果が
あります。そのため量が多いと縦に膨らみ、
焼き色も濃くなり、少ないと生地が広がりや
すく食感もパサつきやすくなりました。マー
ガリンや油では得られないバターの特徴とし
ては、なんといってもバターの香りとコクで
す。またグルテンの形成を弱める役割もあり
ます。

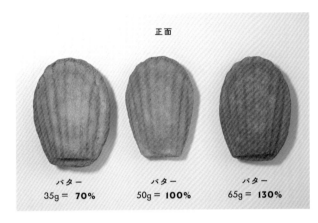

正面

バター
35g = **70%**　　バター
50g = **100%**　　バター
65g = **130%**

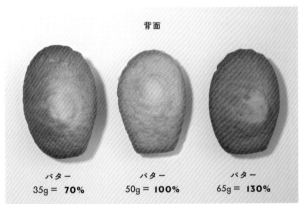

背面

バター
35g = **70%**　　バター
50g = **100%**　　バター
65g = **130%**

バターの量を変えると
膨らみと風味
が変わる

マドレーヌを作る際の油分の役割は生地
をふっくらさせること。バターはそれに
加えて、風味が出てサクッとした食感を
表現します。

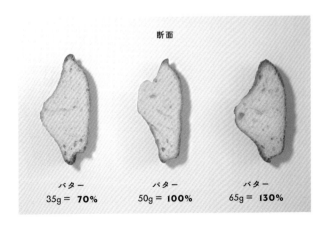

断面

バター
35g = **70%**　　バター
50g = **100%**　　バター
65g = **130%**

3 油分を替える

バターだけでなく、生クリーム、オリーブオイルなど、様々な油分で作ることができるマドレーヌ。
それぞれの油分によって生地の膨らみや香りが大きく異なります。

焦がしバターで作る
マドレーヌ
・・・・

焦がしバターで作るマドレーヌは溶か
しバターで作るよりも風味が増し、香
ばしいバターの香りが印象的に。焦が
しバターを使う場合は、水分が蒸発す
るのでバターは1.2倍増やして作りま
す。また、焼き色が濃くなります。

材料（マドレーヌ型8個分）

無塩バター…70g（常温に戻す）
はちみつ…10g
全卵…60g（常温に戻す）
グラニュー糖…40g
レモンの皮…0.5個分
バニラエッセンス…5滴
　（またはバニラビーンズペースト1g）
薄力粉…50g
ベーキングパウダー…2g

下準備

○P13基本のマドレーヌの下準
　備を参照する。
○オーブンは焼く前に天板も一
　緒に200度に温め、予熱する。

断面

作り方

1 焦がしバターを作る。片手鍋にバターを入れて強火で加熱する
　（a）。泡立て器で混ぜながらバターを溶かし、沸騰したら弱めの
　中火にし、混ぜながら茶色く色づくまで加熱する（b）。
2 沈殿物が深い茶色になったところで、鍋底を水を張ったボウルに
　30秒ほど浸け（c）、粗熱を取る。はちみつを加え、50度ほどを保
　っておく。
3 P14基本のマドレーヌの作り方**2〜9**を参照する。

a

沸騰するまで強火で
加熱。

b

泡立て器で色づくま
で絶えずよく混ぜる。

c

水を張ったボウルに
鍋底を浸ける。

太白ごま油で作る
マドレーヌ（甘系）
....

バターを油に置き換えたレシピ。香りはありませんが、時間が経ってもふわっとした食感が続き、軽い食感に。素材の香りを生かしたい時に使うといいでしょう。

材料（マドレーヌ型8個分）

全卵…60g（常温に戻す）

グラニュー糖…40g

レモンの皮…0.5個分

はちみつ…20g

バニラエッセンス…5滴

　（またはバニラビーンズペースト1g）

薄力粉…60g

ベーキングパウダー…2g

太白ごま油…50g

無味無臭の太白ごま油はお菓子に使いやすい油です。サラダ油で作るよりも軽い食感になります。

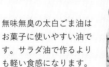

断面

下準備

○P13基本のマドレーヌの下準備1、2、3を参照する。

○オーブンは焼く前に天板も一緒に200度に温め、予熱する。

作り方

1　ボウルに全卵を入れて泡立て器でほぐし、グラニュー糖、レモンの皮、はちみつ、バニラエッセンスを加え、30回ほどすり混ぜる（a）。

2　P14基本のマドレーヌの作り方4を参照する（b）。

3　太白ごま油は2回に分けて加え、10回ずつ同様に円を描くように混ぜる（c）（d）。

4　生地は休ませずに、スプーンで型の8分目（25g）まで入れる。

5　P15基本のマドレーヌの作り方8、9を参照する。

泡立て器で円を描くようにすり混ぜる。

粉類を一度に加えて同様に円を描くようにすり混ぜる。

太白ごま油は2回に分けて入れる。

油の筋がなくなればOK。

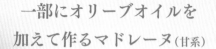

一部にオリーブオイルを
加えて作るマドレーヌ（甘系）
・・・・

バターの一部をオリーブオイルに替え
るとよりしっとりとした食感が続きま
す。また、生地が重い配合の場合でも
焼き上げた時にしっかり膨らむため、
ピスタチオなど重めのペーストを加え
るレシピの時に向いています。

材料（マドレーヌ型8個分）

無塩バター…40g（常温に戻す）

オリーブオイル　20g

はちみつ…10g

全卵…60g（常温に戻す）

グラニュー糖…40g

レモンの皮…0.5個分

バニラエッセンス…5滴

　（またはバニラビーンズペースト1g）

薄力粉…50g

ベーキングパウダー…2g

オリーブオイルはほのかに香りが
残るので、香りをつけたくない場
合は太白ごま油などを使用します。

下準備

○P13基本のマドレーヌの下準備を
　参照する。

○オーブンは焼く前に天板も一緒に
　200度に温め、予熱する。

断面

作り方

1　バターをボウルに入れて湯煎で溶かす。オリーブオイル、はちみ
　つを加え、50度を保っておく。

2　P14基本のマドレーヌの作り方**2〜9**を参照する。

オリーブオイルで作る
マドレーヌ(塩系)
· · · ·

塩系のマドレーヌは、基本のマドレーヌとは少し作り方が変わり、オリーブオイルを使って作ります。生地は休ませず、粉を入れてからは混ぜすぎないことがポイントです。お酒と一緒に楽しむアペリティフにぜひ。

材料（マドレーヌ型7個分）

全卵…50g（常温に戻す）
塩…1g
粗びき黒こしょう…2g
グラニュー糖…10g
薄力粉…40g
ベーキングパウダー…2g
粉チーズ（パルメザン）…15g
オリーブオイル…30g

下準備

○P13基本のマドレーヌの下準備
　1、2を参照する。
○オーブンは焼く前に天板も一緒に200度に温め、予熱する。

断面

作り方

1 ボウルに全卵を入れて泡立て器でほぐし、塩、粗びき黒こしょう、グラニュー糖を加え、30回ほど混ぜる。

2 ふるっておいた粉類を一度に加え、泡立て器で円を描くように10回すり混ぜる（a）。粉チーズも加えて同様に20回ほど混ぜる（b）。

3 オリーブオイルは2回に分けて加え（c）、10回ずつ同様に円を描くように混ぜる（d）。

4 生地は休ませずにスプーンで型の8分目(25g)まで入れる。

5 200度に温めておいたオーブンを180度に下げ、180度で12分焼く。

6 オーブンから出したら型から外し、網に立てかけて冷ます。

a ふるった粉は一気に入れて混ぜる。

b 粉がなじんだら粉チーズを加えて混ぜる。

c バターと同様にオリーブオイルも2回に分けて加える。

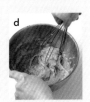

d 泡立て器で円を描くようにすり混ぜる。

生クリームを加えて作る
マドレーヌ
・・・・

生クリームの脂肪分を利用し、バター
の一部を生クリームに置き換えること
もできます。脂肪分が高いものを使う
としっとり感とコクが増します。全量
生クリームで代用すると焼き色が薄く
なるので一部を置き換えます。

材料（マドレーヌ型8個分）

無塩バター…40g（常温に戻す）
生クリーム脂肪分45%…15g
はちみつ…10g
全卵…60g（常温に戻す）
グラニュー糖…40g
レモンの皮…0.5個分
バニラエッセンス…5滴
　（またはバニラビーンズペースト1g）
薄力粉…50g
ベーキングパウダー…2g

下準備

○P13基本のマドレーヌの下準備を
　参照する。
○オーブンは焼く前に天板も一緒に
　200度に温め、予熱する。

断面

作り方

1　バターをボウルに入れて湯煎で溶かす。生クリーム、はちみつを
　加え、50度を保っておく。
2　P14基本のマドレーヌの作り**2～9**を参照する。

サワークリームを加えて
作るマドレーヌ
・・・・

バターの分量を抑えてその分サワークリームを加えます。コクと酸味がプラスされ、すっきりとした味わいになるため、レモン風味などとの相性が良いです。

材料（マドレーヌ型8個分）

無塩バター…40g（常温に戻す）
全卵…50g（常温に戻す）
グラニュー糖…50g
レモンの皮…0.5個分
バニラエッセンス…5滴
　（またはバニラビーンズペースト1g）
サワークリーム…20g
レモン汁…5g
薄力粉…50g
ベーキングパウダー…2g

サワークリームは生クリームを発酵させた乳製品。

下準備

○P13基本のマドレーヌの下準備を
　参照する。
○オーブンは焼く前に天板も一緒に
　200度に温め、予熱する。

断面

作り方

1 バターをボウルに入れて湯煎で溶かし、50度を保っておく。
2 P14基本のマドレーヌの作り方2を参照する。
3 2のボウルを70度ほどの湯煎にかけて泡立て器ですり混ぜ、糖類が溶け、卵液が40度ほどになったら湯煎からおろす。サワークリーム、レモン汁も加えてすり混ぜる。
4 P14基本のマドレーヌの作り方4〜9を参照する。

パリで食べた
マドレーヌ

訪れたマドレーヌ発祥の地コメルシーではお母さんが作る気軽なお菓子という印象を受けたマドレーヌ。パリではパティシエが作った基本から発展した、オリジナリティー溢れるマドレーヌに出会うことができます。

まず最も印象に残ったのはパリの中心地に位置するリッツホテルのマドレーヌ。作家マルセル・プルーストがよく訪れたパリのリッツホテルには彼の名前がつけられた「サロン プルースト」があります。マルセル・プルーストといえば著書『失われた時を求めて』には主人公が紅茶とマドレーヌを口に入れた際、それらを口にしていた幼い日の記憶が鮮やかによみがえる体験をしたという有名なマドレーヌの描写があることで有名です。そんなプルーストは、青春時代を社交界の華やかなサロンで過ごしたそうで、プルースト自身も毎朝リッツホテルのマドレーヌに牛乳を浸して食べていたそう。

そんなわけでリッツホテルでアフタヌーンティを頼むと、最初に出されるのは牛乳に浸したマドレーヌ。彼のお気に入りの食べ方を体験することができるのです。

きらびやかなリッツホテルで庶民的なマドレーヌの食べ方を再現していたことがなんとも印象的です。そもそもマドレーヌを牛乳に浸す感性にびっくりですが、フランス人にとってはマドレーヌやパンを紅茶や牛乳に浸して食べるのはごく普通のようです。私もフランスのパティスリーで研修をしていた頃、パティシエたちが朝食のパンを紅茶に浸して食べているのをよく見かけ、フランス人にとってはなんてことのない光景のようです。

パティスリーの数も日本とは比べものにならないほど多いパリの街は、歩けばマドレーヌに出会うことができます。

パリのモンマルトルにあるジルマルシャル（Gilles Marchal Paris）ではグラサージュのかかったマドレーヌ。ドアの扉の取っ手もマドレーヌでマドレーヌ愛を感じるお店には、マドレーヌの型に並べられた焼きたてのマドレーヌが販売されていました。

さらに印象的だったのはメドモワゼル・マドレーヌ（Mesdemoiselle Madeleines）というマドレーヌ専門店。プレーンから焼いたマドレーヌの上にさらにシリコン型で形作ったムースが乗っている、オリジナリティー溢れる発展系マドレーヌ。ムースにはグラサージュもかかっており、アントルメのような一つのケーキとして成り立っていました。

マドレーヌはマルシェでも売られています。私が発見したものはジャムなどと一緒に、ぷっくりおへそが出てるマドレーヌにラム酒がたっぷり入ったスポイトを差し込むババオラム風マドレーヌ。

創意工夫がなされたマドレーヌを街で見つけながらパリを巡るのも楽しいです。

マドレーヌのアレンジレシピ

フレーバーをベースにしたアレンジで
さらにバリエーション豊かなマドレーヌを紹介します。

紅茶のミルクチョコレートコーティング

コーティングチョコレートを型に塗り、マドレーヌとともに冷やしてコ
ーティングする方法です。植物油脂が入ったコーティングチョコレート
やテンパリングをしたチョコレートを使用すると、冷やした時に型とチ
ョコレートの間に隙間ができるので、きれいに型から外れます。

材料（マドレーヌ型8個分）

無塩バター…60g（常温に戻す）

はちみつ…10g

全卵…60g（常温に戻す）

グラニュー糖…40g

バニラエッセンス…5滴

　　（またはバニラビーンズペースト1g）

薄力粉…50g

ベーキングパウダー…2g

アールグレイの茶葉…2g（ティーバッグ）

ミルクチョコレートコーティング

コーティング用ミルクチョコレート

　　…100g

下準備

○P13基本のマドレーヌの下準備1、2、4を参照する。

○オーブンは焼く前に天板も一緒に200度に温め、予熱する。

○茶葉が大きい場合は、コーヒーミルで砕くか袋に入れて麺棒ですりつぶして細かくする。

作り方

1　バターをボウルに入れて湯煎で溶かす。はちみつを加えて50度を保っておく。

2　別のボウルに全卵を入れて泡立て器で軽くほぐす。グラニュー糖、バニラエッセンスを加えて軽くすり混ぜる。

3　2のボウルを70度ほどの湯煎にかけて泡立て器ですり混ぜ、糖類が溶け卵が40度ほどになったら湯煎からおろす。

4　ふるっておいた粉類、茶葉を一度に加えて20回円を描くようにすり混ぜる。

5　P14基本のマドレーヌの作り方5〜9を参照する。

6　ミルクチョコレートコーティングを作る。ボウルにミルクチョコレートを入れ、湯煎にあて、ゴムベラで混ぜながら溶かす。（a）

7　型に溶かしたチョコレートを10〜12g入れ、刷毛で均一に広げ、冷ましたマドレーヌを乗せて密着させる。（b）（c）

8　ラップをして冷凍庫で15分ほど冷やす。チョコレートがきれいに外れるようになったら型から外していく。外れにくい場合は再び冷やし固める。（d）

a

チョコレートを50度ほどに温めた湯煎にあてて、ゴムベラで混ぜながら45度に溶かす。高温になりすぎるとチョコレートが分離するので注意。

b

型はペーパーで油などを拭き取っておく。型が冷たい場合は常温に戻しておく。チョコレートを入れ、刷毛で均一に広げる。

c

チョコレートが固まらないうちにマドレーヌを1個ずつのせて軽く押さえて密着させる。乾燥しないようにラップをして冷凍庫で15分ほど冷やす。

d

しっかりチョコレートが冷えていないと型から外れにくいので、外れにくい場合は再び冷やし固める。

マンゴーチョコレートコーティング

クーベルチュールチョコレートにサラダ油を入れてコーティングする方法です。油を加えることで流動性が良くなり、扱いやすくなります。チョコレートは高温になるとブルームが出てしまうので、45度以下の状態で溶かすことがきれいにコーティングするコツ。

材料 (ホタテ型6〜7個分)

無塩バター…40g (常温に戻す)

全卵…40g (常温に戻す)

グラニュー糖…40g

バニラエッセンス…5滴

　　(またはバニラビーンズペースト1g)

冷凍マンゴーピューレ…30g (常温に戻す)

薄力粉…50g

ベーキングパウダー…2g

ドライマンゴー…20g (5mm角にカットする)

ミルクチョコレートコーティング

クーベルチュールミルクチョコレート
　　…120g

サラダ油…4g

下準備

○P13基本のマドレーヌの下準備1、2、4を参照する。

○オーブンは焼く前に天板も一緒に200度に温め、予熱する。

作り方

1 バターをボウルに入れて湯煎で溶かし、50度を保っておく。

2 別のボウルに全卵を入れて泡立て器で軽くほぐす。グラニュー糖、バニラエッセンスを加えて軽くすり混ぜる。

3 2のボウルを70度ほどの湯煎にかけて泡立て器ですり混ぜ、糖類が溶け卵液が40度ほどになったら湯煎からおろす。マンゴーピューレも加えてすり混ぜる。

4 P14基本のマドレーヌの作り方4〜5を参照する。

5 4にドライマンゴーを加えてゴムベラで混ぜ合わせる。

6 ボウルにラップをし、生地を3時間ほど冷蔵庫で冷やして休ませる。

7 休ませた生地をゴムベラで滑らかにし、スプーンで型の8分目(40g)まで入れる。

8 200度に温めておいたオーブンを180度に下げ、180度で13〜14分焼く。

9 オーブンから出したら型から外し、網に立てかけて冷ます。

10 ミルクチョコレートコーティングを作る。ボウルにミルクチョコレートを入れ、湯煎にあてて45度に溶かし(a)、湯煎から外したらサラダ油を加え(b)、よく混ぜる(c)。チョコレートにマドレーヌを半分浸し(d)、網の上で乾かす。

ミルクチョコレートを50度ほどの湯煎にあて、ゴムベラで混ぜながら45度に溶かす。高温になりすぎるとチョコレートが分離するので注意。

ボウルを湯煎から外し、サラダ油を加える。

ゴムベラで空気を入れないようにしてよく混ぜる。

チョコレートのボウルにマドレーヌを半分浸してコーティングする。

レモンアイシング

レモン風味にする時は、生地にサワークリームを加えると爽やかな酸味とコクが出て、レモンとの相性も抜群です。

ラベンダーアイシング

油脂の一部をオリーブオイルに置き換えて作るマドレーヌは、きれいに膨らんでさっくりとした食感に。オリーブオイルの風味はラベンダーとの相性も良いです。

レモンアイシング

材料（マドレーヌ型8個分）

無塩バター…40g（常温に戻す）

全卵…50g（常温に戻す）

グラニュー糖…50g

レモンの皮…0.5個

バニラエッセンス…5滴

　（またはバニラビーンズペースト1g）

サワークリーム…20g

レモン汁…5g

薄力粉…50g

ベーキングパウダー…2g

レモンアイシング

粉糖…75g

レモン汁…10〜15g

グリーンピスタチオ…2g

　（細かく刻む）

下準備

○P13基本のマドレーヌの下準備を参照する。

○オーブンは焼く前に天板も一緒に200度に温め、予熱する。

作り方

1 バターをボウルに入れて湯煎で溶かし、50度を保っておく。

2 別のボウルに全卵を入れて泡立て器で軽くほぐす。グラニュー糖、レモンの皮、バニラエッセンスを加えて軽くすり混ぜる。

3 2のボウルを70度ほどの湯煎にかけて泡立て器ですり混ぜ、糖類が溶け卵液が40度ほどになったら湯煎からおろす。サワークリーム、レモン汁も加えてすり混ぜる。

4 P14基本のマドレーヌの作り方4〜9を参照する。

5 レモンアイシングを作る。ボウルにふるった粉糖を入れ、レモン汁を3回に分けて加えてゴムベラでよく練り混ぜる。

　※湿度によってレモン汁の量が変わるが、もったりした状態になるまで少しずつレモン汁を加えて調整する。

6 刷毛で表面にアイシングを薄く塗り、ピスタチオを散らして天板の上に並べ、200度で1分ほど焼いて表面を乾かす。

ラベンダーアイシング

材料（マドレーヌ型8個分）

無塩バター…40g（常温に戻す）

オリーブオイル…20g

はちみつ…10g

全卵…60g（常温に戻す）

グラニュー糖…40g

レモンの皮…0.5個

バニラエッセンス…5滴

　（またはバニラビーンズペースト1g）

薄力粉…50g

ベーキングパウダー…2g

ラベンダーアイシング

粉糖…75g

水…10〜15g

ラベンダー（ハーブティー用）…2g

下準備

○P13基本のマドレーヌの下準備を参照する。

○オーブンは焼く前に天板も一緒に200度に温め、予熱する。

作り方

1 バターをボウルに入れて湯煎で溶かす。オリーブオイル、はちみつを加えて50度を保っておく。

2 P14基本のマドレーヌの作り方2〜9を参照する。

3 ラベンダーアイシングを作る。ボウルにふるった粉糖を入れ、水を3回に分けて加えてゴムベラでよく練り混ぜ、ラベンダーも加えて混ぜる。

4 刷毛で表面にアイシングを薄く塗り、天板の上に並べ、200度で1分ほど焼いて表面を乾かす。

ローズホワイトチョココーティング

生地にローズシロップを加えることでリッチな雰囲気の、香り
豊かなマドレーヌになります。ハーブティー用のローズは、ロ
ーズダマスクを利用しました。

材料（マドレーヌ型8個分）

無塩バター…60g（常温に戻す）
全卵…60g（常温に戻す）
グラニュー糖…50g
バニラエッセンス…5滴
　（またはバニラビーンズペースト1g）
薄力粉…50g
ベーキングパウダー…2g
ローズ（ハーブティー用）…2g（細かく刻む）
ローズシロップ（MONIN）…10g

カクテルを作る時に
使われる、口当たり
まろやかなローズシ
ロップを生地に使用。

ホワイトチョコレートコーティング

| コーティング用ホワイトチョコレート
|　　…100g
| ローズ（ハーブティー用）…2g

下準備

○P13基本のマドレーヌの下準備1、2、4を参照する。
○オーブンは焼く前に天板も一緒に200度に温め、予熱する。

作り方

1　バターをボウルに入れて湯煎で溶かし、50度を保っておく。
2　別のボウルに全卵を入れて泡立て器で軽くほぐす。グラニュ
　ー糖、バニラエッセンスを加えて軽くすり混ぜる。
3　P14基本のマドレーヌの作り方3〜4を参照する。
4　1の50度に保ったバターを半分加え、泡立て器で10回円を描
　くようにすり混ぜる。残りのバター類を加え、ゴムベラで周
　りを払い、同様に泡立て器で10回円を描くようにすり混ぜる。
　最後にローズとローズシロップを加えて混ぜる。
5　P15基本のマドレーヌの作り方6〜9を参照する。
6　ホワイトチョコレートコーティングを作る。ボウルにホワイ
　トチョコレートを入れ（a）、50度ほどの湯煎にあててゴムベ
　ラで混ぜながら45度に溶かす。湯煎から外し、マドレーヌ
　の半分にチョコレートを浸して付け（b）、ローズを散らして（c）
　乾かす。

a

溶かしたコーティング用ホワイ
トチョコレート、ハーブティー
用ローズを用意する。

b

ホワイトチョコレートのボウル
にマドレーヌを半分浸して付
け、上下にマドレーヌを揺らし
て余分なチョコレートを落とし
てからオーブンシートに置く。

c

ローズの花びらを散らして乾か
す。

チョコレートマーブル

プレーンとココアの生地を混ぜて作るマーブル生地のマドレーヌ。生地を合わせる時は、ゴムベラでさっくりと大きく混ぜて、混ぜすぎないのがきれいなマーブルを作るポイントです。

材料（マドレーヌ型16個分）

プレーン生地

無塩バター…60g（常温に戻す）

はちみつ…10g

全卵…60g（常温に戻す）

グラニュー糖…40g

レモンの皮…0.5個分

バニラエッセンス…5滴

　（またはバニラビーンズペースト1g）

薄力粉…50g

ベーキングパウダー…2g

ココア生地

無塩バター…60g（常温に戻す）

はちみつ…10g

全卵…60g（常温に戻す）

グラニュー糖…40g

レモンの皮…0.5個分

バニラエッセンス…5滴

　（またはバニラビーンズペースト1g）

薄力粉…42g

ベーキングパウダー…2g

ココアパウダー…8g

アーモンドスライス…10g

ダークチョコレートコーティング

コーティング用ダークチョコレート

　…200g

テンパリングの必要がない
植物油脂が入ったコーティ
ング用チョコレートを使用。

下準備

○P13基本のマドレーヌの下準備を参照する。

○ココア生地は薄力粉とベーキングパウダー、ココアパウダーを目
の粗いザルで合わせてふるっておく。

○オーブンは焼く前に天板も一緒に200度に温め、予熱する。

作り方

〈プレーン生地〉

1 P14基本のマドレーヌの作り方**1**〜**6**を参照する。

〈ココア生地〉

2 P14基本のマドレーヌの作り方**1**〜**6**を参照する。

〈仕上げる〉

3 休ませた生地をゴムベラで滑らかにし、ココア生地のボウル
にプレーン生地を加えて大きく2回ゴムベラですくうように
混ぜ合わせる（a）（b）。

4 型の8分目（25g）まで生地を入れ（c）、アーモンドスライスを
散らす（d）。

5 200度に温めておいたオーブンを180度に下げ、180度で12分
焼く。

6 オーブンから出したら型から外し、網に立てかけて冷ます。

7 P49紅茶のミルクチョコレートコーティングの**6**〜**8**を参照し
て、ダークチョコレートをコーティングをする。

ココア生地のボウルにプレーン
生地を加えて大きく混ぜ合わせ
る。

混ぜすぎないように注意する。

型に生地をスプーンで8分目ま
で入れる。

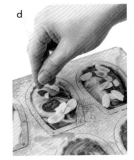

アーモンドスライスを表面に散
らす。

グリオットピスターシュ

ピスタチオペーストが入ると生地が
膨らみにくいので、バターの一部を
サラダ油に置き換えてふんわりと膨
らむように調整します。

金柑ほうじ茶

ほうじ茶の香りと金柑のほのかな苦
味がマッチした和風のマドレーヌで
す。金柑は生を代用しても大丈夫で
す。

グリオットピスターシュ

材料（ミニマドレーヌ型30個分）

無塩バター…40g（常温に戻す）

サラダ油…20g

はちみつ…10g

全卵…60g（常温に戻す）

グラニュー糖…40g

バニラエッセンス…5滴

　　（またはバニラビーンズペースト1g）

ピスタチオペースト…30g

薄力粉…50g

ベーキングパウダー…2g

グリオット…50g（1つを1/4にカットする）

グリーンピスタチオ…2g（細かく刻む）

イタリア産のピスタチオを加工した純ピスタチオペーストを使用。

下準備

○P13基本のマドレーヌの下準備**1**、**2**、**4**を参照する。

○オーブンは焼く前に天板も一緒に200度に温め、予熱する。

作り方

1 バターをボウルに入れて湯煎で溶かす。サラダ油、はちみつを加えて50度を保っておく。

2 別のボウルに全卵を入れて泡立て器で軽くほぐす。グラニュー糖、バニラエッセンスを加えて軽くすり混ぜる。

3 2のボウルを70度ほどの湯煎にかけて泡立て器ですり混ぜ、糖類が溶け卵液が40度ほどになったら湯煎からおろす。生地の一部をピスタチオペーストの器に入れて混ぜ、ダマをとってからボウルに戻してすり混ぜる。

4 P14基本のマドレーヌの作り方**4**～**6**を参照する。

5 休ませた生地をゴムベラで滑らかにし、スプーンで型の8分目(7g)まで入れる。カットしたグリオットを二つずつ生地におき、細かく刻んだグリーンピスタチオを散らす。

6 200度に温めておいたオーブンを180度に下げ、180度で10分焼く。

7 オーブンから出したら型から外し、網の上に置いて冷ます。

金柑ほうじ茶

材料（ブリキマドレーヌ型7.5cm／6個分）

無塩バター…60g（常温に戻す）

はちみつ…10g

全卵…60g（常温に戻す）

グラニュー糖…40g

バニラエッセンス…5滴

　　（またはバニラビーンズペースト1g）

薄力粉…60g

ベーキングパウダー…2g

ほうじ茶の茶葉…4g（ティーバッグ）

金柑コンポート

| 金柑…100g

| グラニュー糖…50g

| 水…100g

金柑はヘタを取り、爪楊枝で7箇所ほど穴を開け、半分にカットして種も取り除く。鍋にグラニュー糖と水、金柑を加えて沸騰したら、弱火で10分ほど煮て、火を消したら鍋に入れたまま冷まし、粗熱が取れたら耐熱容器に移す。

下準備

○P13基本のマドレーヌの下準備**1**、**4**を参照する。

○茶葉が大きい場合は、コーヒーミルで砕くか袋に入れて麺棒ですりつぶして細かくする。

○ブリキマドレーヌ型にグラシン紙をセットしておく。

○オーブンは焼く前に天板も一緒に200度に温め、予熱する。

作り方

1 バターをボウルに入れて湯煎で溶かす。はちみつを加えて50度を保っておく。

2 別のボウルに全卵を入れて泡立て器で軽くほぐす。グラニュー糖、バニラエッセンスを加えて軽くすり混ぜる。

3 P14基本のマドレーヌの作り方**3**を参照する。

4 ふるっておいた粉類、茶葉を一度に加え、泡立て器で20回円を描くようにすり混ぜる。

5 P14基本のマドレーヌの作り方**5**～**6**を参照する。

6 休ませた生地をゴムベラで滑らかにし、スプーンで型の8分目(35g)まで入れ、シロップを切った金柑のコンポートを真ん中に置く。

7 200度に温めておいたオーブンを180度に下げ、180度で12分焼く。

8 オーブンから出したら型から外し、網の上に置いて冷ます。

ココナッツパイナップル

バターの代わりにココナッツオイル
で作ったマドレーヌ。油で作るので
ふんわりとした食感になり、ココナ
ッツの香りが口の中に広がります。

栗粉

ローストした栗粉が入った香ばしい
マドレーヌです。小麦粉1に対して
栗粉を4にするとふんわりと仕上が
ります。

ココナッツパイナップル

材料（マドレーヌ型8個分）

全卵…60g（常温に戻す）

グラニュー糖…40g

はちみつ…10g

バニラエッセンス…5滴

　（またはバニラビーンズペースト1g）

薄力粉…60g

ベーキングパウダー…2g

ココナッツファイン…15g

ココナッツオイル…50g（常温に戻す）

パイナップル…40g（5mm角にカットする）

ココナッツコーティング

| ココナッツファイン…30g
| アプリコットジャム…20g

a

b

鍋で温めたアプリコットジャムを、刷毛で表面に塗る。

ココナッツファインにマドレーヌを軽く押し付け、表面にまぶす。

下準備

○P13基本のマドレーヌの下準備1、2を参照する。

○オーブンは焼く前に天板も一緒に200度に温め、予熱する。

作り方

1 ボウルに全卵を入れて泡立て器でほぐす。グラニュー糖、はちみつ、バニラエッセンスを加え、泡立て器で30回円を描くようにすり混ぜる。

2 ふるっておいた粉類を一度に加え、1と同様に20回すり混ぜる。ココナッツファインも加えて10回ほどすり混ぜる。

3 ココナッツオイルは2回に分けて加え、1と同様に10回ずつ混ぜる。最後にパイナップルも加えて5回ほど混ぜる。

4 生地は休ませずにスプーンで型の8分目(25g)まで入れる。

5 200度に温めておいたオーブンを180度に下げ、180度で12分焼く。

6 オーブンから出したらすぐ型から外し、網に立てかけて冷ます。

7 生地の片面に温めたアプリコットジャムを塗り(a)、ココナッツファインをまぶす(b)。

栗粉

材料（マドレーヌ型8個分）

無塩バター…60g（常温に戻す）

はちみつ…15g

全卵…60g（L玉1個分／常温に戻す）

グラニュー糖…35g

バニラエッセンス…5滴

　（またはバニラビーンズペースト1g）

栗粉…40g

薄力粉…10g

ベーキングパウダー…2g

ラム酒…20g

生クリーム脂肪分36%…100g

南イタリア・カンパーニャ州の栗を使用した石臼挽きのマロンパウダー。

下準備

○栗粉、薄力粉とベーキングパウダーは目の粗いザルで合わせてふるっておく。

○P13基本のマドレーヌの下準備2、4を参照する。

○オーブンは焼く前に天板も一緒に200度に温め、予熱する。

作り方

1 バターをボウルに入れて湯煎で溶かす。はちみつを加えて50度を保っておく。

2 別のボウルに全卵を入れて泡立て器で軽くほぐす。グラニュー糖、バニラエッセンスを加えて軽くすり混ぜる。

3 P14基本のマドレーヌの作り方3〜8を参照する。

4 オーブンから出したら型から外し、温かいうちに刷毛でマドレーヌの片面にラム酒を塗り、網に立てかけて冷ます。

5 氷水にあてたボウルで生クリームをとろみがつくまで泡立て、マドレーヌに添える。

栗とメレンゲ

マロンペーストを練り込んだマドレーヌ生地にメレンゲを散らしてモンブランのようなマドレーヌに。メレンゲはたっぷり付けることがきれいに焼き上げるコツ。

材料（マドレーヌ型8〜9個分）

無塩バター…40g（常温に戻す）

サラダ油…20g

はちみつ…10g

全卵…60g（常温に戻す）

グラニュー糖…40g

バニラエッセンス…5滴

　　（またはバニラビーンズペースト1g）

マロンペースト…30g

薄力粉…50g

ベーキングパウダー…2g

マロングラッセ…15g（細かく刻む）

サバトンのマロンペーストを使用。マロンクリームは砂糖が多く甘みが強いので、マロンペーストを使用します。

メレンゲ（作りやすい分量）

卵白…30g（常温に戻す）

グラニュー糖…30g

粉糖…30g

ボウルに卵白を入れてハンドミキサーで30秒泡立てる。グラニュー糖を2回に分けて加え、高速で3分ほど角が立つまで泡立てる。

ふるった粉糖を一度に加え、さっくり混ぜ合わせる。

1cmの星口金8切を入れた絞り袋で、棒状に絞り、100度で1時間半ほどパリッと割れるまで乾燥させる

下準備

○P13基本のマドレーヌの下準備1、2、4を参照する。

○オーブンは焼く前に天板も一緒に200度に温め、予熱する。

○メレンゲを作っておく（a）（b）（c）。

作り方

1 バターをボウルに入れて湯煎で溶かす。サラダ油、はちみつを加えて50度を保っておく。

2 別のボウルに全卵を入れて泡立て器で軽くほぐす。グラニュー糖、バニラエッセンスを加えて軽くすり混ぜる。

3 2のボウルを70度ほどの湯煎にかけて泡立て器ですり混ぜ、糖類が溶け卵液が40度ほどになったら湯煎からおろす。生地の一部をマロンペーストの器に入れて混ぜ、ダマをとってからボウルに戻してすり混ぜる。

4 ふるっておいた粉類を一度に加え、泡立て器で20回円を描くようにすり混ぜる。

5 1の50度に保ったバター類を半分加え、泡立て器で10回円を描くようにすり混ぜる。残りのバター類を加え、ゴムベラで周りを払い、同様に泡立て器で10回円を描くようにすり混ぜる。マロングラッセを半量加えて5回ほどすり混ぜる。

6 ボウルにラップをし、生地を3時間ほど冷蔵庫で冷やして休ませる。

7 6をゴムベラで滑らかにし、スプーンで型の8分目（25g）まで入れる。残ったマロングラッセと（d）、メレンゲも表面に散らす（e）。

8 200度に温めておいたオーブンを180度に下げ、180度で12分焼く。

9 オーブンから出したら型から外し、網に立てかけて冷ます。

刻んだマロングラッセの残りを表面に散らす。

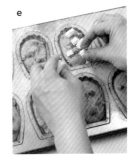

手で適当な大きさに砕いたメレンゲも散らす。

抹茶和三盆クランブル

グラニュー糖を和三盆糖の優しい甘さに変えて、和風の味、抹茶のマドレーヌに。クランブルをトッピングすることでサクサク感も楽しめます。

材料（マドレーヌ型8個分）

無塩バター…60g（常温に戻す）

はちみつ…10g

全卵…60g（常温に戻す）

和三盆糖…40g

バニラエッセンス…5滴

　（またはバニラビーンズペースト1g）

薄力粉…45g

ベーキングパウダー…2g

抹茶…4g

サトウキビのなかの竹糖という品種で作った砂糖。主に香川県や徳島県で栽培されているものが多い。

和三盆クランブル

薄力粉…35g

アーモンドパウダー…20g

和三盆糖…20g

バター…20g（1cm角に切り、冷蔵庫で冷やす）

ボウルに材料（a）の粉類をふるい入れ（b）、冷たいバターを入れて手ですり潰す（c）。全体的にバターの塊がなくなったら、全体を手で握って塊を作り、冷凍庫で冷やす。

下準備

○薄力粉、ベーキングパウダー、抹茶は目の粗いザルで合わせてふるっておく。

○P13基本のマドレーヌの下準備2、4を参照する。

○オーブンは焼く前に天板も一緒に200度に温め、予熱する。

○和三盆クランブルを作っておく。

作り方

1 バターをボウルに入れて湯煎で溶かす。はちみつを加えて50度を保っておく。

2 別のボウルに全卵を入れて泡立て器で軽くほぐす。和三盆糖、バニラエッセンスを加えて軽くすり混ぜる。

3 P14基本のマドレーヌの作り方3〜6を参照する。

4 休ませた生地をゴムベラで滑らかにし、スプーンで型の8分目（25g）まで入れる。クランブルを散らす（d）。

5 200度に温めておいたオーブンを180度に下げ、180度で12分焼く。

6 オーブンから出したら型から外し、網に立てかけて冷ます。

a アーモンドパウダー、バター、和三盆糖、薄力粉を用意する。

b ボウルに薄力粉、アーモンドパウダー、和三盆糖をふるい入れる。

c 冷たいバターも加えて指でバターを潰していく。

d 作っておいたクランブルを手で細かく砕いて満遍なく散らす。

チョコレートガナッシュ

焼き上がったチョコレートのマドレーヌに、チョコレートのガナッシュ
をたっぷり注入したマドレーヌです。チョコレートガナッシュの濃厚さ
を楽しめます。

材料（マドレーヌ型8〜9個分）

無塩バター…50g（常温に戻す）

はちみつ…10g

クーベルチュールダークチョコレート
　…25g（細かく砕く）

牛乳…10g

全卵…60g（常温に戻す）

グラニュー糖…40g

バニラエッセンス…5滴
　（またはバニラビーンズペースト1g）

薄力粉…45g

ベーキングパウダー…2g

ココアパウダー…5g

ガナッシュ

クーベルチュールダークチョコレート
　…50g（細かく砕く）
生クリーム脂肪分36%…50g

ガナッシュのダークチョコレートをレンジで溶かし（a）、温めた生クリームを加えて（b）よくすり混ぜる（c）。ツヤが出たら（d）冷蔵庫で冷やす。

下準備

○薄力粉とベーキングパウダー、ココアパウダーを目の粗いザルで合わせてふるっておく。

○P13基本のマドレーヌの下準備2、4を参照する。

○オーブンは焼く前に天板も一緒に200度に温め、予熱する。

○チョコレートは耐熱容器に入れ、電子レンジに30秒ずつ3回ほどかけて溶かす。

○ガナッシュを作っておく。

作り方

1　バターをボウルに入れて湯煎で溶かす。はちみつ、溶かしたチョコレート、牛乳を加えて50度を保っておく。

2　別のボウルに全卵を入れて泡立て器で軽くほぐす。グラニュー糖、バニラエッセンスを加えて軽くすり混ぜる。

3　P14基本のマドレーヌの作り方3〜9を参照する。

4　マドレーヌに菜箸で穴を開け（e）、絞り袋にガナッシュを入れて穴に絞り入れる（f）。

チョコレートは耐熱容器に入れ、電子レンジに30秒ずつ3回ほどかけて溶かす。

別の耐熱容器に入れた生クリームを電子レンジで20秒ほど温めて加える。

マドレーヌのおへその真ん中（裏の膨らんだ部分）に菜箸で穴を開ける。

1cmの丸口金をセットした絞り袋にガナッシュを入れて穴の部分に絞り入れる。

生クリームを一度に加えたら、チョコレートが溶けたら泡立て器ですり混ぜる。

ツヤが出るまで乳化させ、絞れる固さになるまで冷蔵庫で冷やす。

パンデピス

焼きあがったスパイス生地にはちみ
つを注入したパンデピスのようなマ
ドレーヌです。

メープル

スポイトにメープルを入れ、食べる
直前に注入することでしっとりとメ
ープルを感じるマドレーヌに。さら
にメープルシュガーを使うと、より
ふわっとした食感になります。

パンデピス

材料（マドレーヌ型8個分）

無塩バター…70g（常温に戻す）

はちみつ…20g

全卵…60g（常温に戻す）

グラニュー糖…30g

オレンジの皮…0.5個分

バニラエッセンス…5滴

　（またはバニラビーンズペースト1g）

薄力粉…50g

ベーキングパウダー…2g

シナモンパウダー…1g

ジンジャーパウダー…1g

クローブパウダー…0.5g

ナツメグパウダー…0.5g

注入用

はちみつ…30g

 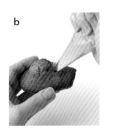

マドレーヌが冷めたら、真ん中あたりに竹串を刺して穴を開ける。

はちみつを絞り袋に入れ、穴に差し込んで注入する。

下準備

○薄力粉とベーキングパウダー、シナモンパウダー、ジンジャーパウダー、クローブパウダー、ナツメグパウダーを目の粗いザルで合わせてふるっておく。

○グラニュー糖にオレンジの皮をすりおろして混ぜておく。

○P13基本のマドレーヌの下準備2、4を参照する。

○オーブンは焼く前に天板も一緒に200度に温め、予熱する。

作り方

1 P40焦がしバターで作るマドレーヌの作り方1〜2を参照して焦がしバターを作り、はちみつも加えて50度ほどを保っておく。

2 別のボウルに全卵を入れて泡立て器で軽くほぐす。グラニュー糖、オレンジの皮、バニラエッセンスを加え、軽くすり混ぜる。

3 P14基本のマドレーヌの作り方3〜9を参照する。

4 マドレーヌの生地に竹串を刺し（a）、はちみつを3gずつ注入する（b）。

メープル

材料（マドレーヌ型8個分）

無塩バター…60g（常温に戻す）

メープルシロップ…10g

全卵…60g（常温に戻す）

メープルシュガー…40g

バニラエッセンス…5滴

　（またはバニラビーンズペースト1g）

薄力粉…50g

ベーキングパウダー…2g

メープルシュガー…適量

注入用

メープルシロップ…30g

下準備

○P13基本のマドレーヌの下準備1、2、4を参照する。

○オーブンは焼く前に天板も一緒に200度に温め、予熱する。

作り方

1 バターをボウルに入れて湯煎で溶かす。メープルシロップを加えて50度を保っておく。

2 別のボウルに全卵を入れて泡立て器で軽くほぐす。メープルシュガー、バニラエッセンスを加えて軽くすり混ぜる。

3 P14基本のマドレーヌの作り方3〜9を参照する。

4 生地が温かいうちに茶こしで片面にメープルシュガーをふるう。

5 スポイトにメープルシロップを入れて、生地に差し込む。

塩キャラメル

キャラメル生地のマドレーヌに、さらにトロッとしたキャラメルを注入。
キャラメルはしっかり煮詰めると膨らむ生地になります。

材料（マドレーヌ型8個分）

無塩バター…45g（常温に戻す）
キャラメル…30g
全卵…50g（常温に戻す）
グラニュー糖…40g
バニラエッセンス…5滴
　（またはバニラビーンズペースト1g）
薄力粉…50g
ベーキングパウダー…2g

キャラメル…100g
| グラニュー糖…75g
| 塩…1.5g
| 水…15g
| 生クリーム脂肪分36%…75g

下準備

○P13基本のマドレーヌの下準備1、2、4を参照する。
○オーブンは焼く前に天板も一緒に200度に温め、予熱する。
○P33キャラメルの作り方を参照し、とろみがつき100gになるまで
　煮詰める。

作り方

1 バターをボウルに入れて湯煎で溶かす。キャラメル30gを加えて50度を保っておく。

2 別のボウルに全卵を入れて泡立て器で軽くほぐす。グラニュー糖、バニラエッセンスを加えて軽くすり混ぜる。

3 P14基本のマドレーヌの作り方3〜9を参照する。

4 冷めたマドレーヌに菜箸で穴を開け(a)、残ったキャラメルを7gずつ注入する(b)。

マドレーヌのおへその部分（裏の膨らんだ部分）に菜箸で穴を開ける。

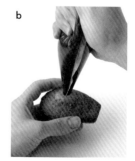

キャラメルを絞り袋に入れ、穴の中に注入する。

ラズベリージャム

ラズベリージャムを注入して酸味のあるマドレーヌに。市販のジャムで
もいいですが、手作りだときれいな発色に。他のフレーバーのジャムで
も代用できます。

材料（マドレーヌ型8個分）

無塩バター…60g（常温に戻す）

はちみつ…10g

全卵…60g（常温に戻す）

グラニュー糖…40g

バニラエッセンス…5滴

　（またはバニラビーンズペースト1g）

薄力粉…50g

ベーキングパウダー…2g

冷凍ラズベリー…30g

　（手でつぶして冷凍庫に入れる）

グリーンピスタチオ…2g（細かく刻む）

ラズベリージャム

| 冷凍ラズベリー…100g
| グラニュー糖…50g

下準備

○P13基本のマドレーヌの下準備1、2、4を参照する。

○オーブンは焼く前に天板も一緒に200度に温め、予熱する。

○ラズベリージャムを作っておく（a）（b）。

作り方

1 バターをボウルに入れて湯煎で溶かす。はちみつを加えて
50度を保っておく。

2 別のボウルに全卵を入れて泡立て器で軽くほぐす。グラニュ
ー糖、バニラエッセンスを加えて軽くすり混ぜる。

3 P14基本のマドレーヌの作り方3〜6を参照する。

4 休ませた生地をゴムベラで滑らかにし、スプーンで型の8分
目（25g）まで入れる。冷凍ラズベリー、グリーンピスタチオを
表面に散らす。

5 200度に温めておいたオーブンを180度に下げ、180度で12分
焼く。

6 オーブンから出したら型から外し、網に立てかけて冷ます。

7 マドレーヌに菜箸で穴を開け（c）、ラズベリージャムを4gず
つ絞り入れる（d）。

a

鍋に冷凍ラズベリーとグ
ラニュー糖を加えてまぶ
し、グラニュー糖が溶け
たら強火にかける。

b

沸騰したら弱めの強火に
かけ、7〜10分ほどとろ
みがつくまで煮詰め、耐
熱容器で冷ます。

c

マドレーヌのおへその部分（裏
の膨らんだ部分）に菜箸で穴を
開ける。

d

ラズベリージャムを絞り袋に入
れて穴に絞り入れる。

チェダーチーズとベーコン

チェダーチーズとベーコンの塩気が効いたお惣菜マド
レーヌです。生地も休ませる必要がなく、気軽に作れ
ます。

バジルとドライトマト

パルメザンチーズがベースの塩系マドレーヌに、バジ
ルソースをたっぷり練り込んだ塩マドレーヌです。お
酒とともにアペリティフにも。

チェダーチーズとベーコン

材料（マドレーヌ型7個分）

全卵…50g（常温に戻す）

塩…1g

粗びき黒こしょう…2g

グラニュー糖…10g

薄力粉…40g

ベーキングパウダー…2g

チェダーチーズ（粉末）…15g
　（固形は削って細かくする）

オリーブオイル…30g

ベーコン…60g（5mm幅に切り、
　フライパンで炒め、耐熱容器で冷ます）

チェダーチーズ（粉末）…20g
　（固形は削って細かくする）

粗びき黒こしょう…適量

下準備

○P13基本のマドレーヌの下準備**1**、**2**を参照する。

○オーブンは焼く前に天板も一緒に200度に温め、予熱する。

作り方

1 ボウルに全卵を入れて泡立て器でほぐす。塩、粗びき黒こしょう、グラニュー糖を加え、30回ほどすり混ぜる。

2 ふるっておいた粉類を一度に加え、泡立て器で円を描くように10回すり混ぜる。チェダーチーズも加えて同様に20回ほどすり混ぜる。

3 オリーブオイルは2回に分けて加え、**2**と同様に10回ずつすり混ぜる。ベーコンも加えてゴムベラでさっくり混ぜる。

4 生地は休ませずにスプーンで型の8分目(25g)まで入れる。チェダーチーズと粗びき黒こしょうをふる。

5 200度に温めたオーブンを180度に下げ、180度で12分焼く。

6 オーブンから出したら型から外し、網に立てかけて冷ます。

バジルとドライトマト

材料（マドレーヌ型7個分）

全卵…50g（常温に戻す）

塩…1g

粗びき黒こしょう…2g

グラニュー糖…10g

薄力粉…40g

ベーキングパウダー…2g

粉チーズ（パルメザン）…15g

オリーブオイル…30g

バジルソース…40g

ドライトマト…40g（5mm幅にカットする）

松の実（ロースト）…25g

バジルソース（作りやすい分量）

　オリーブオイル…30g

　粉チーズ（パルメザン）…20g

　にんにく…1かけ（すりおろす）

　松の実（ロースト）…20g

　塩…1g

　バジルの葉…40g（茎は取り除く）

下準備

○P13基本のマドレーヌの下準備**1**、**2**を参照する。

○オーブンは焼く前に天板も一緒に200度に温め、予熱する。

○バジルソースを作っておく。ミキサーにオリーブオイル、粉チーズ、にんにく、松の実、塩を入れて撹拌し、バジルの葉を加えてさらに撹拌し、ペーストを作る。

作り方

1 ボウルに全卵を入れて泡立て器でほぐす。塩、粗びき黒こしょう、グラニュー糖を加え、30回ほどすり混ぜる。

2 ふるっておいた粉類を一度に加え、泡立て器で円を描くように10回すり混ぜる。粉チーズも加えて同様に20回ほどすり混ぜる。

3 オリーブオイルは2回に分けて加え、**2**と同様に10回ずつすり混ぜる。バジルソースも加えて同様に10回ほど混ぜ、最後にドライトマトと松の実を加えてゴムベラでさっくり混ぜる。

4 生地は休ませずにスプーンで型の8分目(25g)まで入れる。

5 200度に温めたオーブンを180度に下げ、180度で12分焼く。

6 オーブンから出したら型から外し、網に立てかけて冷ます。

スモークサーモンとハーブ

スモークサーモンとパルメザンチーズが入った塩系のマドレーヌは、クリームチーズにディップして。

ゴルゴンゾーラとくるみ

焼き上がった小さなマドレーヌをハムと洋梨とともにピックで刺し、ピンチョス風に。

スモークサーモンとハーブ

材料（ミニマドレーヌ型約22個分）

全卵…50g（常温に戻す）

塩…1g

粗びき黒こしょう…2g

グラニュー糖…10g

薄力粉…40g

ベーキングパウダー…2g

粉チーズ（パルメザン）…15g

オリーブオイル…30g

イタリアンパセリ…5本

　（茎は除き、葉はみじん切りにする）

スモークサーモン…30g

　（5mm角にカットする）

クリームチーズディップ

| クリームチーズ…100g（常温に戻す）
| イタリアンパセリ…6本
| 　（茎は除き、1本を残して葉をみじん切りにする）
| にんにく…0.5片（すりおろす）
| レモン汁…10g

下準備

○P13基本のマドレーヌの下準備**1**、**2**を参照する。

○オーブンは焼く前に天板も一緒に200度に温め、予熱する。

○クリームチーズディップを作っておく。クリームチーズはゴムベラで柔らかくし、イタリアンパセリ、にんにくのすりおろし、レモン汁を加えて混ぜる。器に盛り、残ったイタリアンパセリを飾る。

作り方

1 ボウルに全卵を入れて泡立て器でほぐす。塩、粗びき黒こしょう、グラニュー糖を加え、30回ほどすり混ぜる。

2 ふるっておいた粉類を一度に加え、泡立て器で円を描くように10回すり混ぜる。粉チーズも加えて同様に20回ほど混ぜる。

3 オリーブオイルは2回に分けて加え、**2**と同様に10回ずつすり混ぜる。最後にイタリアンパセリとスモークサーモンも加えてゴムベラでさっくり混ぜる。

4 生地は休ませずにスプーンで型の8分目(7g)まで入れる。

5 200度に温めておいたオーブンを180度に下げ、180度で12分焼く。

6 オーブンから出したら型から外し、網に置いて冷ます。

ゴルゴンゾーラとくるみ

材料（ミニマドレーヌ型約22個分）

全卵…50g（常温に戻す）

塩…1g

粗びき黒こしょう…2g

グラニュー糖…10g

薄力粉…40g

ベーキングパウダー…2g

粉チーズ（パルメザン）…15g

オリーブオイル…30g

ゴルゴンゾーラ…20g（粗みじんにする）

くるみ（ロースト）…10g（粗みじんにする）

生ハム…適量（1口サイズにカットする）

洋梨（缶詰）…適量

　（大きさに合わせてカットする）

下準備

○P13基本のマドレーヌの下準備**1**、**2**を参照する。

○オーブンは焼く前に天板も一緒に200度に温め、予熱する。

作り方

1 ボウルに全卵を入れて泡立て器でほぐす。塩、粗びき黒こしょう、グラニュー糖を加え、30回ほどすり混ぜる。

2 ふるっておいた粉類を一度に加え、泡立て器で円を描くように10回すり混ぜる。粉チーズも加えて同様に20回ほど混ぜる。

3 オリーブオイルは2回に分けて加え、**2**と同様に10回ずつすり混ぜる。ゴルゴンゾーラとくるみを加え、ゴムベラでさっくり混ぜる。

4 生地は休ませずにスプーンで型の8分目(7g)まで入れる。

5 200度に温めておいたオーブンを180度に下げ、180度で12分焼く。

6 オーブンから出したら型から外し、網に置いて冷ます。

7 生ハム、洋梨とともにピックで刺す。

昔懐かしいマドレーヌ

卵を泡立てて作るふわふわ生地が懐かしいマドレーヌ。基本のマドレーヌと違い、卵とグラニュー糖の卵液は空気を入れて充分に泡立て、粉を入れたらさっくり混ぜることがポイントです。

材料（ブリキマドレーヌ型7.5cm／8個分）

無塩バター…40g（常温に戻す）
牛乳…10g
はちみつ…5g
全卵…60g（常温に戻す）
グラニュー糖…40g
バニラエッセンス…5滴
　（またはバニラビーンズペースト1g）
薄力粉…40g
ベーキングパウダー…2g

下準備

1 薄力粉とベーキングパウダーは目の粗い
　ザルで合わせてふるっておく。
2 ブリキマドレーヌ型にグラシン紙をセット
　しておく。
3 鍋に水を入れて70度ほどに温めておく。
4 オーブンは焼く前に天板も一緒に170度
　に温め、予熱する。

作り方

1 バターをボウルに入れて湯煎で溶かす。牛乳、はちみつを加えて50度ほどを保っておく（a）。
2 別のボウルに全卵を入れて泡立て器で軽くほぐす。グラニュー糖、バニラエッセンスを加えて軽くすり混ぜる。湯煎にあてながら40度ほどになるまで溶かし混ぜる（b）。
3 湯煎から外し、ハンドミキサーの高速で3分ほど泡立てる（c）。
4 ゴムベラに持ち替え、粉類を1度に加えてさっくりすくうように20回ほど混ぜる（d）。
5 1を2回に分け入れ、底からすくうように都度20回ずつ混ぜる（e）。生地にツヤが出たらOK（f）。
6 型の8分目（20g）まで流し入れ、型を10cm上から2回ほど落として大きな泡を潰す。
7 170度に温めておいたオーブンで、13分ほど焼く。生地に弾力があればOK。
8 オーブンから出したら型を10cm上から2回ほど落として衝撃をあたえ、型のまま網の上で冷ます。
9 粗熱が取れてきたら型から外して網の上で冷ます。

湯煎で50度を保っておく。

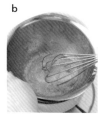
湯煎にあてながら泡立て器で溶かし混ぜる。

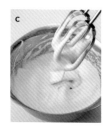
ハンドミキサーで描いた線が残るまで泡立てる。

粉類を加え、底からさっくりすくうように混ぜる。

バター類を入れたら底からすくうように混ぜる。

粉っぽさがなくなり、ツヤが出るまで混ぜる。

ヴィクトリアケーキ

昔懐かしいマドレーヌの生地で作るヴィクトリアケーキ。ふわふわの生
地とバタークリーム、イチゴジャムを挟みます。

材料（15cm丸型／1台分）

無塩バター…70g（常温に戻す）

牛乳…10g（常温に戻す）

全卵…100g（常温に戻す）

グラニュー糖…85g

バニラエッセンス…5滴

　（またはバニラビーンズペースト1g）

薄力粉…100g

ベーキングパウダー…2g

バタークリーム

│ 無塩バター…70g（常温に戻す）

│ 粉糖…20g（ふるっておく）

イチゴジャム

│ イチゴ…150g（ヘタを取る）

│ グラニュー糖…75g

泣かない粉糖…適量

下準備

○型の底と側面にオーブンシートを敷いておく。

○P78昔懐かしいマドレーヌの下準備1、3、4を参照する。

○バタークリームを作っておく。ボウルに常温に戻したバター、粉糖を加え、ハンドミキサーで3分ほど、空気が入り白っぽくなるまで泡立てる。

○イチゴジャムを作っておく。鍋にイチゴとグラニュー糖を加えてまぶし、グラニュー糖が溶けたら強火にかける。沸騰したら弱めの強火で7〜10分ほど煮詰めてとろみがついたら耐熱容器で冷ます。

作り方

1　バターをボウルに入れて湯煎で溶かす。牛乳を加え、50度ほどを保っておく。

2　P78昔懐かしいマドレーヌの作り方2〜5を参照する。

3　型に生地をすべて流し入れ、型を10cm上から2回ほど落として大きな泡を潰す。

4　170度に温めておいたオーブンで、30分ほど焼く。生地に弾力があり、竹串を刺しても生地がついてこなければOK。

5　オーブンから出したら型を10cm上から2回ほど落として、型から外して網の上で冷ます。

6　生地を横半分にカットし(a)、バタークリーム、イチゴジャムを広げて(b)、生地で挟む(c)。茶こしで生地の表面全体に泣かない粉糖をふるう。

a

波刃包丁で生地を横半分にカットし、クリームをのせる。

b

バタークリーム、イチゴジャムの順に広げて重ねる。

c

カットした生地をのせて挟む。

チョコレートカップケーキ

昔懐かしいマドレーヌの作り方で焼くマフィン。クリームチーズをトッピングしました。

バナナオレオマフィン

昔懐かしいマドレーヌの作り方で焼くマフィンにバナナを加え、ふんわりと優しい味が印象的です。

チョコレートカップケーキ

材料（マフィン型φ70(45)×H29mm6個分、
　　　グラシン紙は8F 115(底)45×H35mm）

無塩バター…40g（常温に戻す）

牛乳…10g

はちみつ…5g

全卵…60g（常温に戻す）

グラニュー糖…40g

バニラエッセンス…5滴
　（またはバニラビーンズペースト1g）

薄力粉…50g

ベーキングパウダー…2g

ココアパウダー…8g

クリームチーズフロスティング

無塩バター…15g（常温に戻す）

粉糖…30g（ふるう）

クリームチーズ…50g（常温に戻す）

下準備

○薄力粉とベーキングパウダー、ココアパウダーは目の粗いザルで合わせてふるっておく。

○P78昔懐かしいマドレーヌの下準備3、4を参照する。

○マフィン型にグラシン紙をセットしておく。

○クリームチーズフロスティングを作っておく。ボウルにバターを入れて粉糖をふるい入れ、ゴムベラで練って混ぜる。常温に戻したクリームチーズも加え、ハンドミキサーで2分ほど泡立てる。

作り方

1 P78昔懐かしいマドレーヌの作り方1〜5を参照する。

2 型の8分目まで流し入れ、型を10cm上から2回ほど落として大きな泡を潰す。

3 170度に温めておいたオーブンで、20分ほど焼く。生地に弾力があればOK。

4 オーブンから出したら型を10cm上から2回ほど落として、型から外して網の上で冷ます。

5 カップケーキの上に、クリームチーズフロスティングをスプーンでのせる。

バナナオレオマフィン

材料（マフィン型φ70(45)×H29mm6個分、
　　　グラシン紙は8F 115(底)45×H35mm）

無塩バター…40g（常温に戻す）

牛乳…10g

はちみつ…5g

全卵…50g（常温に戻す）

グラニュー糖…40g

バニラエッセンス…5滴
　（またはバニラビーンズペースト1g）

薄力粉…60g

ベーキングパウダー…2g

バナナ…60g（皮をむいてフォークで
　ペースト状に潰す）

オレオ…3枚（手で砕く）

下準備

○P78昔懐かしいマドレーヌの下準備1、3、4を参照する。

○マフィン型にグラシン紙をセットしておく。

作り方

1 P78昔懐かしいマドレーヌの作り方1〜5を参照する。

2 1にバナナのペーストを入れて底からすくうように5回ほど混ぜる。

3 型の8分目まで流し入れ、砕いたオレオを表面に散らす。型を10cm上から2回ほど落として大きな泡を潰す。

4 170度に温めておいたオーブンで、20分ほど焼く。生地に弾力があればOK。

5 オーブンから出したら型を10cm上から2回ほど落として、型から外して網の上で冷ます。

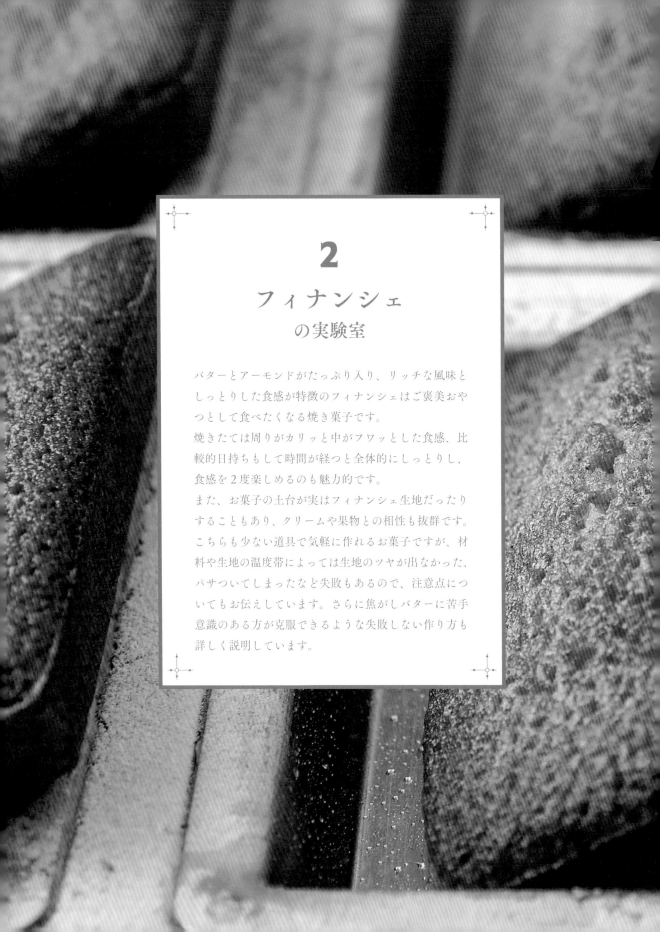

2

フィナンシェ
の実験室

バターとアーモンドがたっぷり入り、リッチな風味と
しっとりした食感が特徴のフィナンシェはご褒美おや
つとして食べたくなる焼き菓子です。
焼きたては周りがカリッと中がフワッとした食感、比
較的日持ちもして時間が経つと全体的にしっとりし、
食感を2度楽しめるのも魅力的です。
また、お菓子の土台が実はフィナンシェ生地だったり
することもあり、クリームや果物との相性も抜群です。
こちらも少ない道具で気軽に作れるお菓子ですが、材
料や生地の温度帯によっては生地のツヤが出なかった、
パサついてしまったなど失敗もあるので、注意点につ
いてもお伝えしています。さらに焦がしバターに苦手
意識のある方が克服できるような失敗しない作り方も
詳しく説明しています。

フィナンシェの由来

HISTORY OF FINANCIERS

四角い形のフィナンシェはフランス・パリのお菓子屋さんで作られたと言われ、形と名前の由来が深く関係しています。

フィナンシェ（Financier）はフランス語で金融家という意味があり、1890年頃にパリのサンドゥニ通りに店を構えるラスネというパティシエによって作られたと言われています。

彼はパリの証券取引所のあるブルス地区にパティスリーを開いていました。多くの金融家たちが働くこの地域で、彼らに敬意を表して、また仕事が忙しい金融家が片手で簡単に食べられるお菓子をという意味で、金融家という意味のフィナンシェ（Financier）と名付けたと言われています。ちなみに型の名前にも用いられているインゴットとは塊のことで、金の延べ棒の形を表現しています。

歴史をさかのぼるとアーモンド、小麦粉、砂糖、卵白、バターを使ったほぼ同じ材料とレシピのお菓子が17世紀から存在したと言われています。

フランス北東部ドイツとの国境に近いロレーヌ地方ではサント・マリー修道会が1610年に設立した隠修道女の会、聖母訪問会がありました。そこで慈善活動としてヴィジタンディーヌ（Visitandine）とよばれるフィナンシェとほぼ同じ作り方の焼き菓子を作っていたと言われています。昔はお花の形をしたヴィジタンディーヌ型が一般的で、今では小舟型で焼いたりもします。

一方フィナンシェとほぼ同じ配合で、フリアン（Friands）というお菓子も存在しました。フランス語ではおいしいもの、美食家という意味があり、バターをたっぷり使った高級なお菓子という意味合いがあったようで、現在もフィナンシェをフリアンとして販売しているお店もあります。

時や場所が違えどフランスの様々な地方で同じようなお菓子が作られていたようです。

基本のフィナンシェ

バターとアーモンドの香りが漂うしっとりとリッチな風味の焼き菓子。
基本のフィナンシェをマスターしましょう。

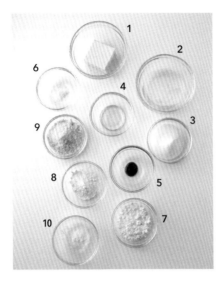

材料（インゴット型8個分）
1 発酵バター（食塩不使用）
　　　　…60g（常温に戻す）
2 卵白…60g／M玉2個分（常温に戻す）
3 グラニュー糖…50g
4 はちみつ…10g
5 バニラエッセンス…5滴
　　　（またはバニラビーンズペースト1g）
6 塩…1g
7 薄力粉…15g
8 強力粉…10g
9 アーモンドパウダー…30g
10 ベーキングパウダー…1g

下準備

1 薄力粉と強力粉、アーモンドパウダー、ベーキングパウダーは目の粗いザルで合わせてふるっておく。

2-1 型に刷毛で常温のバターを均一に塗って強力粉をふるう。

2-2 余分な粉をはたいて、冷蔵庫に入れておく。

3 大きめのボウルに水を張っておく。

4 オーブンは天板も一緒に210度に温め、予熱する。

基本のフィナンシェの作り方

1 焦がしバターを作る。片手鍋にバターを入れて強火で加熱する。泡立て器で混ぜながらバターを溶かす。沸騰したら弱めの中火にし、混ぜながら茶色く色づくまで加熱する。沈殿物が深い茶色になったところで、鍋底を水を張ったボウルに30秒ほどつけ、粗熱を取る。60度ほどを保っておく。この時点で50gほどになる。

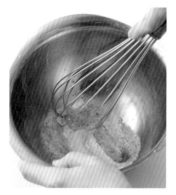

2 卵白をボウルに入れて泡立て器でコシを切るように、さらりとした状態に溶きほぐす。

3 グラニュー糖、はちみつ、バニラエッセンス、塩を加える。もったりツヤが出るまで泡立て器で30回ほど円を描くようにすり混ぜる。

4 粉類を一度に加える。20回ほど3と同様にすり混ぜる。ツヤが出てからさらに20回ほどすり混ぜる。

5-① 1の焦がしバターを3回に分けて加え、都度10回ずつ円を描くようにすり混ぜる。

5-2 混ぜ終わったらゴムベラで周りを払いさらに10回円を描くようにすり混ぜる。

6 生地をスプーンで型の9分目（25g）まで入れる。ここで生地が余ったらアルミカップに入れるか、再度フィナンシェ型に入れて焼く。

7 210度に予熱したオーブンに型を入れ、210度で4分焼く。

そのまま温度を下げて170度で7分で焼く。

常温で
5〜6日間
保存可能

8 オーブンから出したら生地をずらして粗熱をとり、冷めてきたら網の上に乗せてしっかり冷ます。均一に茶色く色づき、弾力がある状態になったらOK。完全に冷めたら袋に入れて封をする。

失敗しない生地の作り方を検証

焼きたてはカリッと、日が経つにつれてしっとり、
そして香り高いアーモンドやバターの風味を存分に楽しむことができるフィナンシェは、
バターの特徴や焼き方を見極めることが大切です。

STEP 1

下準備編 ⟨1⟩

型を準備する

マドレーヌと同様、型に柔らかいバター、強力粉を均一に塗ること、冷蔵庫で型を冷やすことが大事です。下準備を丁寧に行うことで、どんな型でも焼き色が均一で、型離れの良い、きれいな仕上がりに導くことができます。

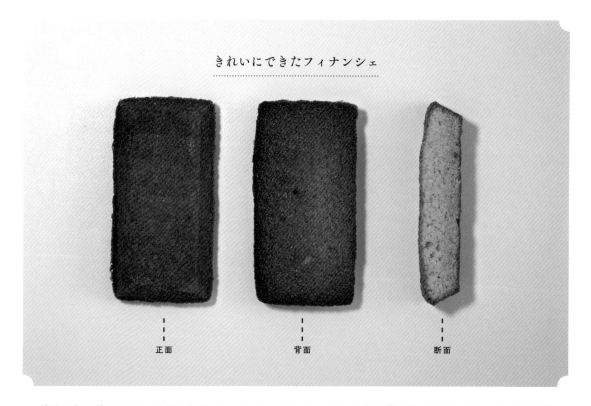

きれいにできたフィナンシェ

正面 　　　　背面 　　　　断面

油分が多く型からきれいに外れやすいフィナンシェですが、バターと粉を薄く均一にはたくことで、香りを損なわず、よりきれいに型から生地を外しやすくなります。
※シリコン加工が施された型やシリコン型はバターのみできれいに剥がれる場合があります。

失敗例

型にバターをまだらに塗ると
焼き色もまだらになる

バターが均一に塗れていないと
型に生地がくっついてしまった
り、表面の焼き色がまだらにな
ってしまいます。その他、生地
も広がりやすくなってしまいま
す。

バターを塗りすぎると
生地が広がってしまう

バターを塗りすぎると、まだら
に塗った時と同様生地が広がり
やすく、焼き色もまだらになっ
てしまいます。

粉をつけすぎると
生地に穴が開いてしまう

粉をふりすぎ、余分な粉を落と
さない状態で生地を焼いてしま
うと表面に粉の塊ができてしま
ったり、生地に穴が開くような
現象が起きました。その他、焼
きムラもでき、生地が曲がった
状態で焼き上がりました。

下準備編 ②

焦がしバター（ブールノワゼット）を作る

バターをヘーゼルナッツのような茶色になるまで焦がすところからブールノワゼットと呼ばれ、バターの豊かな風味と香ばしさをより表現します。バターの香りを前面に押し出したいプレーンのフィナンシェは焦がしバターを使用するとより高級感やバター感を感じることができます。

焦がし足りないと香りが感じられず、焦がしすぎもいけません。バターに含まれるタンパク質や糖質が加熱され、白から茶色にきれいに色づくように状態の変化を見ながら焦がしバターを作っていきます。

正しくできた焦がしバターで焼いたもの

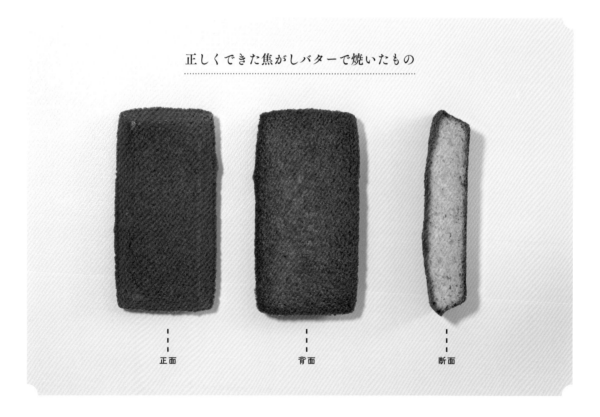

正面　　　　　　　背面　　　　　　　断面

焦がしバターの茶色い沈殿物も香りや味に深みを出すと考え、生地の中に入れたレシピです。
また、発酵バターを使うことでより芳香やコクが加わった味と香りに。

失敗例

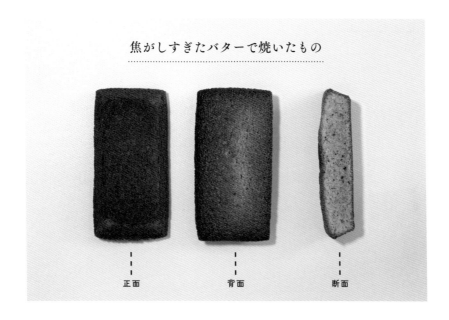

焦がしすぎたバターで焼いたもの

正面　　　　　背面　　　　　断面

バターを絶えず混ぜていないと焦げてしまう

バターを火にかける際には、鍋の中のバターが常に均一な温度になるよう、絶えず泡だて器で混ぜ続けます。熱しているバターを混ぜないと、温度が均一でないため、周りから温度が上がり、黒く焦げてしまったり、鍋にバターがこびりついてしまいます。

鍋底を水に浸けないとバターが焦げてしまう

正解の状態

焦がしバターが適切な色に色づいたら素早く鍋底を水に浸け、必要以上に火が入り焦げてしまうことを防ぎます。しかし、冷たすぎると生地に混ざっていかないので、30秒ほど水に浸けてバターが60度くらいになったら水から外しておきます。

混ぜ方編 ①

卵白と砂糖を混ぜる

混ぜ方は基本的に常に一緒。泡立て器で空気を入れずに
同じようなリズムで円を描くようにすり混ぜていきます。

卵白とグラニュー糖を
気泡ができないようにすり混ぜる

グラニュー糖と卵白が混
ざり合い、ツヤが出るま
ですり混ぜて。グラニュ
ー糖がうまく入り込むよ
うに卵白を常温に戻して
おくことも大切です。

焼き上がり

| 正面 | 背面 | 断面 |

泡立てすぎると、大きな気泡ができ、焼き上がったフィナンシェがパサついてしまいます。また、焼き上がりに膨らんだ生地がしぼんでしまったり、生地が広がりやすくもなり、味はどこかぼやけた、甘みが感じられないフィナンシェに。さらに、検証の際には焼き色は薄く、生地もべたついた仕上がりとなりました。少し泡立てるレシピもありますが、やりすぎは禁物です。泡立てないレシピはずっしりとした味に、軽く泡立てたものはふんわりと軽い食感になりますので、好みに合わせて作るのも楽しみの一つです。

空気を入れるように混ぜると
パサついた生地になる

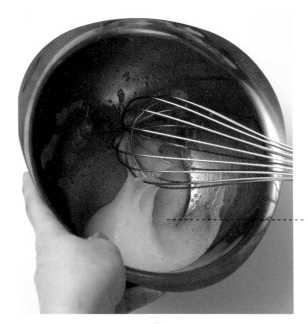

メレンゲを作るように泡立ててしまうとパサついた生地に。軽く泡が出てきたくらいに泡立てるとふんわりした食感を生み出すことができます。

✕

焼き上がり

正面　　　背面　　　断面

混ぜ方編 ⟨2⟩
生地と粉を混ぜる

粉を加えたらツヤがありとろみがつく程度になじむまですり混ぜていきましょう。
混ぜすぎると生地が硬くなったり、底上げの原因に。

粉類を入れてからとろみがついたら
混ぜるのをやめる

とろみがあり、ツヤの
ある生地が理想的。粉
っぽさがなくなりツヤ
が出たら必要以上に混
ぜないようにします。

焼き上がり

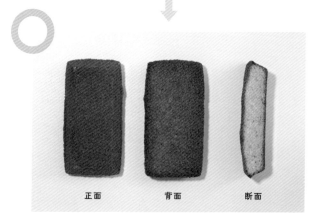

正面　　　　背面　　　断面

パウンドケーキやマドレーヌに比べて小麦粉の分量が少なく、グルテンの影響が出にくいフィナンシェですが、小麦粉を加えたら混ぜすぎには注意が必要です。混ぜすぎると小麦粉のグルテンがでてしまい、焼き上がりの生地が硬くつまりパサついた食感につながります。また、焼いた時に底上げの原因となったり、生地内に大きな穴が開いたりしてしまいました。

また、レシピでは強力粉も加えています。薄力粉のみで作るとふわっとした食感に、強力粉を加えると食感や骨格がしっかりとした生地に。私はフランスで食べたようなある程度重いフィナンシェが好きなので、一部を強力粉にしました。お好みでアレンジしてみてください。

粉類を入れてから混ぜすぎると 硬くつまった感じになる

混ぜすぎると生地がだんだん重く感じられ、混ぜた跡がはっきり出てきます。

焼き上がり

正面　　　　背面　　　断面

バターの温度を変える

程よい温かさのサラサラした液状のバターを加えてなじませ、
ツヤのある生地に。熱すぎても冷えていても仕上がりに影響を及ぼします。
どのような変化が起きるか見ていきましょう。

バターの温度が
低い（20度）と
生地が均等に混ざらない

バターを50〜60度で
加えると
生地に入り込みやすい

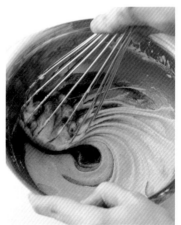

バターの温度が低いと焦がしバター
が固まり、そのまま加えると生地に
バターが入り込んでいかないので、
均等に混ざらず油が浮いた感じに。

作った焦がしバターが冷たくなって
しまった場合は、再度少し温め直し
て、温かいサラサラと流動性のある
バターを生地に加えます。

生地に混ぜる際のバターの温度管理はとても大事です。鍋底を水に浸けすぎてしまい、温度が下がりすぎたバターを加えるとなかなか生地にバターが入り込んでいかず、ツヤのない生地になってしまいます。さらに出来上がりは生地に混ざり切っていないため油が浮いた状態になり、生地が広がりやすくなります。対して出来たての焦がしバターを生地に入れてしまうと、卵に火が入りやすく、パサついた食感に。また、生地の底上げの原因にもなります。

バターの温度が
高い（100度）と
卵白に火が入ってしまう

出来たての焦がしバターを冷まさずすぐに生地に入れてしまうと火が入り、パサついた生地になります。

焼き上がりは こう変わる

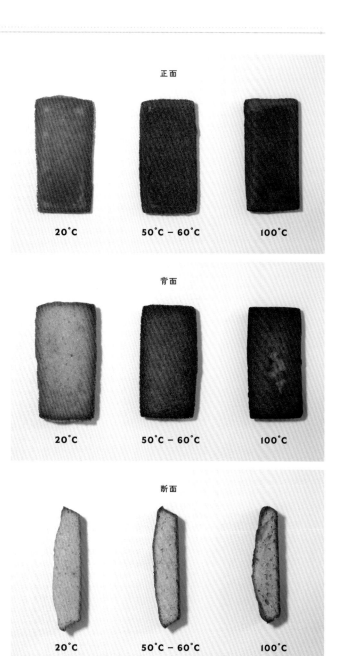

正面

20℃　50℃−60℃　100℃

背面

20℃　50℃−60℃　100℃

断面

20℃　50℃−60℃　100℃

寝かせ方編
生地の寝かせ方

生地の寝かせ方で食感に変化が起こります。今回は生地は寝かせずに
出来上がったら素早く型に入れ、適度に軽い食感の仕上がりに。

生地を寝かせずに焼くと
ふわっとした食感に

生地が完成したら素早く型に入れることで流動性
があり扱いやすく、適度に軽い食感に。

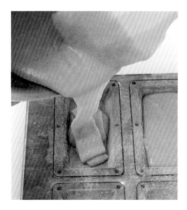

生地を3時間
寝かせると
周りが焦げやすい生地に

膨らみはきれいにでますが、冷蔵庫から取り出し
てすぐの生地は生地温度が低いため周りから火が
入り周りが焦げやすくなります。

1日寝かせると
生地がむっちりとした食感、
膨らみも悪くなる

生地を休ませている間にベーキングパウダーは水
分に反応する場合があり、1日寝かせると逆に膨
らみが均一でなくムチっとした仕上がりに。

どのような食感のフィナンシェに仕上げたいかによって寝かせる時間は変わりますが、寝かせないとふわっとした食感に、3時間ほど寝かせると重い食感に仕上がります。

今回の基本のフィナンシェは小麦粉の分量が少なく、グルテンの量が少ないため生地を寝かせるなどしてグルテンを弱める作業はあまり重要ではありません(生地を寝かせるレシピもあります)。また、生地を長く寝かせるとバターとの乳化を維持できないため、せっかくツヤが出てきれいになじんだ生地が分離した状態になる場合もあります。

正面

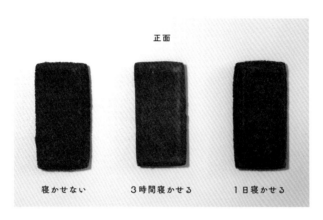

寝かせない　　3時間寝かせる　　1日寝かせる

焼き上がりは → こう変わる

背面

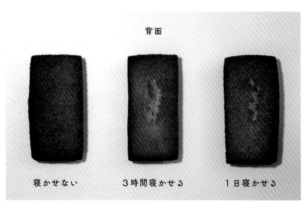

寝かせない　　3時間寝かせる　　1日寝かせる

断面

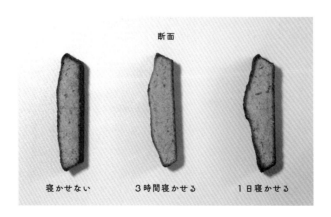

寝かせない　　3時間寝かせる　　1日寝かせる

3時間寝かせた生地をピークに徐々に膨らみが悪くなります。重めのフィナンシェを作りたい場合には少し生地を寝かせて。

焼き方編 ①

温度比較 | **焼く前の生地**の温度を変える

生地の温度変化は焼き色や食感に影響を与えます。
マドレーヌと異なり生地を寝かさないレシピなので、生地が出来上がったら
素早く型に流し込むと作業もしやすいです。

混ぜ終わったらすぐに型に流し込むと
生地が扱いやすい

正面　　　　　背面　　　　　断面

冷えていない生地は焼き色が全体的に均一につきやすく、
均一に膨らみやすい生地に。

冷蔵庫で生地を寝かせ、生地温度が低いと火が入るのに時間がかかるため、焼き色が濃くなりずっしりした食感に。一方で、生地温度が高いと火が入りやすいので、短時間で焼き上がりふわっとした食感に。長時間焼くと水分が飛んでパサつきやすくなるので注意が必要です。

また、混ぜ終わったばかりの生地は流動性があり、型に流しやすく扱いやすい生地になります。生地を寝かせて3時間くらいまではとても大きな変化があるわけではなかったので、今回は寝かせずに焼きました。

生地を長時間冷やして焼くと
焦げる原因になる

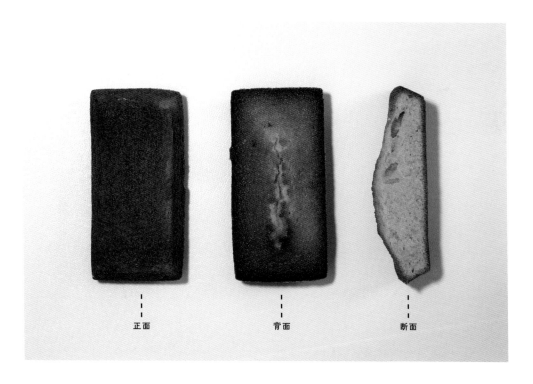

正面　　　　　背面　　　　　断面

ボウルの中に入れたまま長時間冷蔵庫に入れると生地温度が下がり、
焼成中にバターの脂肪分が分離して周りから焦げる原因にもなります。

焼き方編 ②

オーブンの温度を変える

オーブンの温度調節は仕上がりに大きな影響が出ます。それぞれのオーブンの特性を把握し、
また好みの食感や風味の活かし方によって焼き方を変えていきましょう。

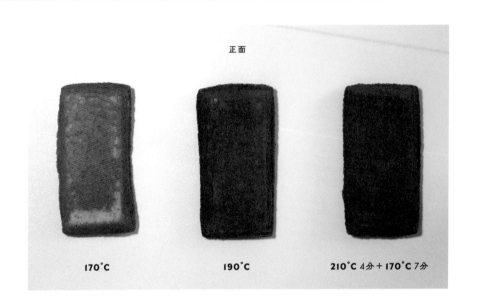

正面

170℃ 190℃ 210℃ 4分 + 170℃ 7分

左：予熱なし、焼き温度170度、12分

オーブンの予熱が足りないとじっとりとべたついた生地に。また生地が広がりやすく型離
れもしにくいので、しっかりと予熱で庫内を温めることが大事です。

中：予熱190度、焼き温度190度、12分

全体的にしっとりした食感に。しっとりと焼き上げるには180度以上で、短時間で焼き上
げるといいようです。

右：焼き温度を変えて焼く
予熱210度、210度で4分、170度で7分

焼き温度を途中で変えると、周りがカリッと、膨らみもいいだけでなく、しっとりとした
生地に仕上がります。少し手間がかかりますが、プレーンのフィナンシェにはこの焼き方
をおすすめします。

プレーンフィナンシェをオーブンで焼く際には、出来たての生地を外はカリッと中はしっとり焼き上げることが大切です。そのためには高温に温めたオーブンで、短時間で焼き上げます。薄いフィナンシェ型で長時間焼いてしまうと水分が飛び、パサついた生地に。
また、フレーバー編で紹介しますが、ピスタチオやフレーバーの香りを活かしたい場合は温度を下げて焼くと良いでしょう。

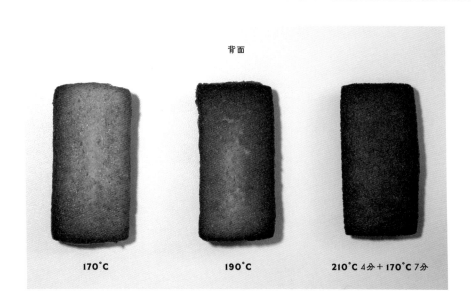

背面

| 170℃ | 190℃ | 210℃ 4分 + 170℃ 7分 |

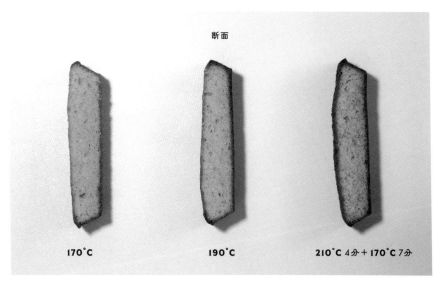

断面

| 170℃ | 190℃ | 210℃ 4分 + 170℃ 7分 |

低温に比べ、高温で焼き上げると縦にふわっときれいに膨らみ、しっとりとした生地に。焼き色も高温で焼き上げるときれいにつき、バターやアーモンドの香ばしさも引き立ちます。

分量を変える比較実験

それぞれの材料の特徴を活かすことでどの素材が何の役割を果たしているかが
明確になります。これを参考に
好みの食感や味にアレンジしたフィナンシェを作ってみては。

正面

卵白42g = **70%**　　卵白60g = **100%**　　卵白78g = **130%**

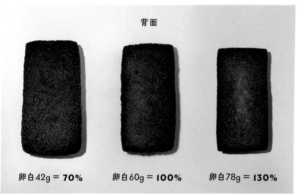

背面

卵白42g = **70%**　　卵白60g = **100%**　　卵白78g = **130%**

断面

卵白42g = **70%**　　卵白60g = **100%**　　卵白78g = **130%**

検 証

1

卵白の分量を変える

卵白の成分は約88%が水分でできており、固
形分の90%以上がタンパク質となっていま
す。このタンパク質には熱凝固性があり、熱
を入れると焼き固まる働きがあります。また、
油分はほとんど含まれていません。水分が多
いため、卵白が多いほど生地感は詰まった感
じがありますがしっとりし、少ないとスカス
カとしたパサついた生地になってしまいます。

卵白の量が変化すると、
生地のしっとり具合が
変わる

卵白の分量が変化すると、生地の膨らみ
やしっとり感に影響が出てきます。

＊レシピは発酵バター、卵白、グラニュー糖それ
ぞれ60g、アーモンドパウダー25g、薄力粉
25g、ベーキングパウダー1gを加えて基本の
フィナンシェのレシピで作ったものを基本のフ
ィナンシェとし、そこからそれぞれの分量を
70%、130%に変更しています。

検証

2

砂糖の分量を変える

マドレーヌと同じように極端にグラニュー糖
の量を減らすと生地の焼き色が薄くなってし
まいます。また、砂糖は卵白に含まれている
水分を保持する働きがあり、適切な分量を加
えると、キメの細かいお菓子を作ることがで
きます。砂糖が多すぎると小麦粉とのバラン
スが悪く、生地が沈んだり広がったりします。
一方、砂糖が少ないとあまり膨らまずに硬く、
生焼けのような状態になってしまいます。

正面

| グラニュー糖 | グラニュー糖 | グラニュー糖 |
| 42g = **70%** | 60g = **100%** | 78g = **130%** |

背面

| グラニュー糖 | グラニュー糖 | グラニュー糖 |
| 42g = **70%** | 60g = **100%** | 78g = **130%** |

砂糖の量が変化すると
膨らみ方が
変わる

砂糖の分量が変わると焼き色が変わるだ
けでなく、火の入り方や膨らみ方にも影
響が出てきます。

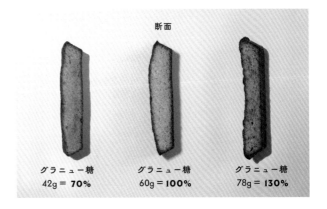

断面

| グラニュー糖 | グラニュー糖 | グラニュー糖 |
| 42g = **70%** | 60g = **100%** | 78g = **130%** |

材料を替えて作る

基本とは異なる材料を使って、フィナンシェのフレーバーの幅を広げて
アレンジしてみましょう。アレンジページにはフレーバーを基本に
さらにアレンジしたフィナンシェを紹介しています。

1 砂糖を替える

砂糖の種類によっても焼き上がりや食感に変化があります。
また、糖分を多く含んだ白あんなども砂糖の一部に替えることもできます。

和三盆フィナンシェ
・・・・

上品でまろやかな甘みがあり、口どけ
の良さが特徴の和三盆糖。抹茶やあん
こと組み合わせて使うと主張しすぎな
い甘さが他の素材を引き立たせます。

材料 (インゴット型8個分)

発酵バター…60g (常温に戻す)

卵白…60g (常温に戻す)

和三盆糖…50g

はちみつ…10g

バニラエッセンス…5滴

　(またはバニラビーンズペースト1g)

塩…1g

薄力粉…15g

強力粉…10g

アーモンドパウダー…30g

ベーキングパウダー…1g

竹糖と呼ばれるサトウキビを原
材料に徳島県、香川県の一部で
生産される、日本独特の砂糖。

断面

下準備

○P87基本のフィナンシェの下準備を参照する。

作り方

1 P88基本のフィナンシェの作り方1〜2を参照する。

2 和三盆糖、はちみつ、バニラエッセンス、塩を加える。もったり
　ツヤが出るまで30回ほど円を描くようにすり混ぜる。

3 P88基本のフィナンシェの作り方4〜8を参照する。

キャラメルを加えて作る
フィナンシェ
・・・・

マドレーヌに加える時と同じくキャラ
メルにも油分と糖分が入っているため、
バターとグラニュー糖をやや少なめの
生地に。

材料（インゴット型8個分）

発酵バター…50g（常温に戻す）
卵白…60g（常温に戻す）
グラニュー糖…40g
キャラメル…40g
バニラエッセンス…5滴
　（またはバニラビーンズペースト1g）
塩…1g
薄力粉…15g
強力粉…10g
アーモンドパウダー…30g
ベーキングパウダー…1g

キャラメル（作りやすい分量）

グラニュー糖…50g
塩…1g
水…10g
生クリーム脂肪分36%…50g

下準備

○P33キャラメルの作り方を参照し、
　50gになるまで煮詰める。
○P87基本のフィナンシェの下準備を参
　照する。

断面

作り方

1 P88基本のフィナンシェの作り方1〜2を参照する。
2 グラニュー糖、キャラメル、バニラエッセンス、塩を加える。も
　ったりツヤが出るまで30回ほど円を描くようにすり混ぜる。
3 P88基本のフィナンシェの作り方4〜8を参照する。

白あんを加えて作る
フィナンシェ
・・・・

あんこには保水性があり水分を抱き込む働きがあります。より長くしっとり、重めの生地にしたい時に洋菓子にも使われることがあります。黒あんよりも少しあっさりとした上品な甘さで、色味に影響を与えないため、他の素材と合わせやすい特徴を持っています。

材料（インゴット型8個分）

発酵バター…60g（常温に戻す）
卵白…60g（常温に戻す）
グラニュー糖…30g
バニラエッセンス…5滴
　（またはバニラビーンズペースト1g）
塩…1g
白こしあん…40g
薄力粉…15g
強力粉…10g
アーモンドパウダー…30g
ベーキングパウダー…1g

茹でた白いんげん豆に豆
同量の砂糖を加えて練り
上げていくもの。

下準備

○P87基本のフィナンシェの下準備
　を参照する。

断面

作り方

1 P88基本のフィナンシェの作り方**1〜2**を参照する。

2 グラニュー糖、バニラエッセンス、塩を加える。もったりツヤが出るまで30回ほど円を描くようにすり混ぜる。生地の一部を白こしあんの器に入れて混ぜ、ダマをとってからボウルに戻してすり混ぜる。

3 P88基本のフィナンシェの作り方**4〜8**を参照する。

分量比較 分量を変える比較実験

検 証

3

粉の分量を変える

グルテンの形成により生地の骨格作りを担う小麦粉。小麦粉の分量を増やすと生地が膨らみやすく、一方量が少ないと支える骨格が少なくなり生地が沈みやすく、生焼けのような焼き上がりになってしまいます。

また、実験では薄力粉のみで作りましたが、基本のレシピでは一部を強力粉に置き換えています。ふわっとした食感を出すにはタンパク質が少ない薄力粉を使用します。しっかりした食感にしたい時はタンパク質の多い強力粉に一部置き換えることでしっかりと歯ざわりの良い食感になります。

小麦粉の量を変えると
生地の**膨らみ方**が
変わる

粉の分量や種類を替える事で膨らみ方や歯ざわりが変化します。

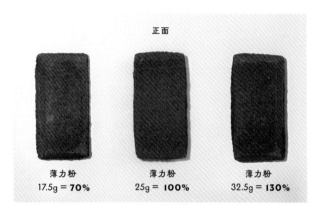

正面

薄力粉	薄力粉	薄力粉
17.5g = **70%**	25g = **100%**	32.5g = **130%**

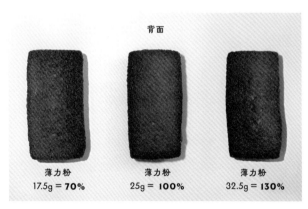

背面

薄力粉	薄力粉	薄力粉
17.5g = **70%**	25g = **100%**	32.5g = **130%**

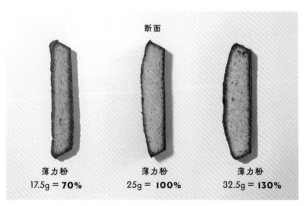

断面

薄力粉	薄力粉	薄力粉
17.5g = **70%**	25g = **100%**	32.5g = **130%**

2 粉を替える

小麦粉の分量を多くしてみたり、アーモンドパウダーを多くしてみたり、
また粉を全く違う材料に置き換えて作ってみたりすると、
粉が生地にどのような変化をもたらすか実験してみました。

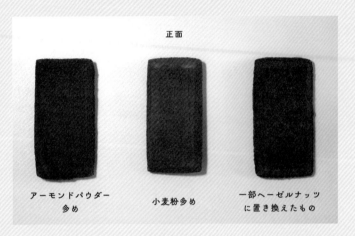

正面

アーモンドパウダー　　　小麦粉多め　　　一部ヘーゼルナッツ
多め　　　　　　　　　　　　　　　　　　に置き換えたもの

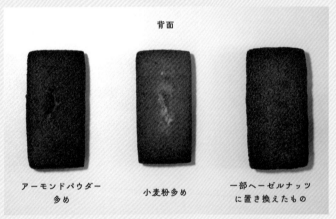

背面

アーモンドパウダー　　　小麦粉多め　　　一部ヘーゼルナッツ
多め　　　　　　　　　　　　　　　　　　に置き換えたもの

3種類を
比較実験する

小麦粉は多めに加えると軽い食
感に、アーモンドを多めに加え
るとしっとりとし、香りとコク
がリッチな味に仕上がります。
また、ヘーゼルナッツパウダー
を加えるとアーモンドだけでは
表現できないナッツの豊かな風
味が増します。

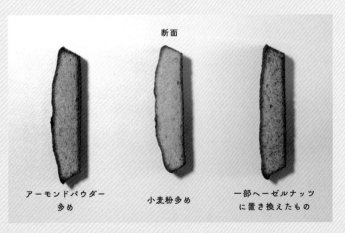

断面

アーモンドパウダー　　　小麦粉多め　　　一部ヘーゼルナッツ
多め　　　　　　　　　　　　　　　　　　に置き換えたもの

アーモンドパウダーが多めのフィナンシェ

アーモンドパウダーはアーモンドを粉末状に加工したもの。ナッツの風味やコクを表現したり、
アーモンドの油分によりしっとりした生地に。ただ、油分が多く含まれているため
入れすぎると脆い生地になってしまうので、バターの量を少し減らしています。

材料（インゴット型8個分）

発酵バター…50g（常温に戻す）　塩…1g
卵白…60g（常温に戻す）　薄力粉…10g
グラニュー糖…50g　強力粉…10g
はちみつ…10g　アーモンドパウダー…40g
バニラエッセンス…5滴　ベーキングパウダー…1g
　（またはバニラビーンズペースト1g）

下準備

○P87基本のフィナンシェの下準備を参照する。

作り方

1　P88基本のフィナンシェの作り方を参照する。

小麦粉が多めのフィナンシェ

小麦粉を多めに加えることで縦に膨らんだ生地になり、輪郭や食感がしっかりと出ます。
粉類の量が多いとパサついた生地になるため、小麦粉を多く加えた場合は、
アーモンドパウダーを少なめの配合にしています。

材料（インゴット型8個分）

発酵バター…60g（常温に戻す）　塩…1g
卵白…60g（常温に戻す）　薄力粉…20g
グラニュー糖…50g　強力粉…20g
はちみつ…10g　アーモンドパウダー…15g
バニラエッセンス…5滴　ベーキングパウダー…1g
　（またはバニラビーンズペースト1g）

下準備

○P87基本のフィナンシェの下準備を参照する。

作り方

1　P88基本のフィナンシェの作り方を参照する。

ヘーゼルナッツパウダーを加えて作るフィナンシェ

ヘーゼルナッツを皮ごとパウダーにしたものを使用。
アーモンドパウダーの一部をヘーゼルナッツに置き換えると、焼き上がりのナッツの香りが
より奥深くなります。ただ、全量ヘーゼルナッツに置き換えると
食べた時のナッツの深みが薄くなるので、アーモンドと併用する配合にしています。

材料（インゴット型8個分）

発酵バター…60g（常温に戻す）　薄力粉…15g
卵白…60g（常温に戻す）　強力粉…10g
グラニュー糖…50g　アーモンドパウダー…15g
はちみつ…10g　ベーキングパウダー…1g
バニラエッセンス…5滴　ヘーゼルナッツパウダー
　（またはバニラビーンズペースト1g）　（皮付き）…15g
塩…1g

下準備

○薄力粉と強力粉、アーモンドパウダー、ベーキングパウダー、ヘーゼルナッツパウダーは目の粗いザルで合わせてふるっておく。
○P87基本のフィナンシェの下準備2〜4を参照する。

作り方

1　P88基本のフィナンシェの作り方を参照する。

米粉のフィナンシェ
. . . .

グルテンがない米粉ですが、そもそも
フィナンシェは粉の分量が少ない配合
なので、小麦粉をそのまま米粉に置き
換えても大きな差はありませんでし
た。食感は少しもっちりと。生地を混
ぜすぎても粘りが出ないのも利点です。

材料（インゴット型8個分）

発酵バター…60g（常温に戻す）

卵白…60g（常温に戻す）

グラニュー糖…50g

はちみつ…10g

バニラエッセンス…5滴
　（またはバニラビーンズペースト1g）

塩…1g

米粉…25g

アーモンドパウダー…30g

ベーキングパウダー…1g

うるち米でできた製菓用の
米粉を使用。製菓用は気泡
を潰さずふわっと仕上がる
ように細かく加工されてい
ます。

断面

下準備

○米粉、アーモンドパウダー、ベーキングパウダーは目の粗いザルで合
　わせてふるっておく。

○P87基本のフィナンシェの下準備**2〜4**を参照する。

作り方

1 P88基本のフィナンシェの作り方を参照する。

栗粉のフィナンシェ
• • • •

南イタリア・カンパーニャ州ロカダス
ピデ産の栗を使用した石臼挽きのマロ
ンパウダー。栗の香ばしい香りが広が
り、フランスでは焼き菓子を作る際に
加えることも多い比較的ポピュラーな
食材です。

断面

材料（インゴット型8個分）
発酵バター…60g（常温に戻す）
卵白…60g（常温に戻す）
グラニュー糖…50g
はちみつ…10g
バニラエッセンス…5滴
　（またはバニラビーンズペースト1g）
塩…1g
栗粉…25g
アーモンドパウダー…25g
ベーキングパウダー…1g

下準備
○栗粉、アーモンドパウダー、ベーキングパウダーは目の粗いザルで合
　わせてふるっておく。
○P87基本のフィナンシェの下準備**2〜4**を参照する。

作り方
1 P88基本のフィナンシェの作り方を参照する。

ベーキングパウダーを入れない
フィナンシェ
・・・・

ベーキングパウダーは水分と反応して膨張し、加熱により再び反応して膨らむこともあります。生地を寝かせている間にも炭酸ガスが発生する場合があるので、加えた後はなるべく早く焼いた方がいいでしょう。生地に加えることにより、縦に膨らみ軽く仕上がります。重めのフィナンシェを焼きたい場合はベーキングパウダーを加えずに焼いてみてください。

正面

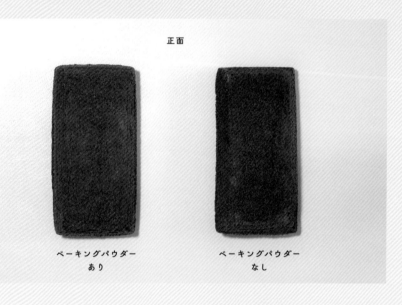

ベーキングパウダー
あり

ベーキングパウダー
なし

背面

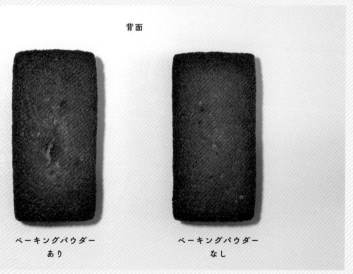

ベーキングパウダー
あり

ベーキングパウダー
なし

ベーキングパウダーは炭酸水素
ナトリウム（重曹）に酸性剤や
分散剤を加えたもの。加えたも
のは生地が膨らんでいます。

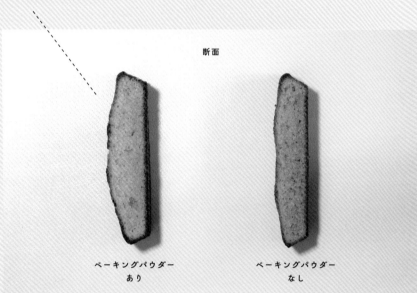

断面

ベーキングパウダー
あり

ベーキングパウダー
なし

材料（インゴット型8個分）

発酵バター…60g（常温に戻す）

卵白…60g（常温に戻す）

グラニュー糖…50g

はちみつ…10g

バニラエッセンス…5滴
　（またはバニラビーンズペースト1g）

塩…1g

薄力粉…15g

強力粉…10g

アーモンドパウダー…30g

下準備

○薄力粉、強力粉、アーモンドパウダーは目の粗い
　ザルで合わせてふるっておく。

○P87基本のフィナンシェの下準備**2〜4**を参照する。

作り方

1 P88基本のフィナンシェの作り方を参照する。

材料を替えて作る

3 油分を替える

フィナンシェといえばたっぷりのバターを使用したお菓子ですが、オリーブオイルや
太白ごま油で代用した場合はどのような仕上がりになるか検証してみました。

オリーブオイルで作る
フィナンシェ(塩系)
・・・・

塩系のフィナンシェにはバターの代わりにオ
リーブオイルを加え、また粉類を多めに入れ
ることでカリッと焼き上げます。

材料(インゴット型8個分)

卵白…60g(常温に戻す)

薄力粉…30g

アーモンドパウダー…20g

ベーキングパウダー…2g

グラニュー糖…5g

塩…1g

粗びき黒こしょう…2g

粉チーズ(パルメザン)…40g

オリーブオイル…40g

オリーブの果実から作られる植
物油。オリーブの香りが焼き上
がった後も続くので、塩系のフ
ィナンシェに最適です。

断面

下準備

○薄力粉、アーモンドパウダー、ベーキングパウダー、グラニュー糖、塩、
　粗びき黒こしょう、粉チーズは目の粗いザルで合わせてふるっておく。

○P87基本のフィナンシェの下準備**2**、**4**を参照する。

作り方

1 卵白をボウルに入れて泡立て器でコシを切るように、さらりとし
　た状態になるまで溶きほぐす。

2 粉類を一度に加えて、20回ほどすり混ぜる。

3 オリーブオイルを3回に分けて加え、その都度10回ずつ円を描く
　ようにすり混ぜる。混ぜ終わったらゴムベラで周りを払いさらに
　同様に10回すり混ぜる。

4 生地をスプーンで型の9分目(25g)まで入れる。

5 210度に予熱したオーブンに型を入れ、190度で12分焼く。

6 オーブンから出したら生地をずらして粗熱をとり、冷めてきたら
　網の上に乗せてしっかり冷ます。

太白ごま油で作る
フィナンシェ(甘系)
・・・・

無味無臭の太白ごま油は香りを生かし
たい素材を加える時に使うと素材の邪
魔をしません。また、グルテンをなめ
らかに繋げ高く膨らませる役割がある
ため、ふわっと軽い食感に仕上がりま
す。

材料(インゴット型8個分)

卵白…60g(常温に戻す)
グラニュー糖…60g
薄力粉…25g
強力粉…10g
アーモンドパウダー…40g
ベーキングパウダー…2g
太白ごま油…25g

無味無臭の太白ごま油は
お菓子に使いやすい油で
す。サラダ油よりも軽い
食感に。

断面

下準備

○薄力粉、強力粉、アーモンドパウダー、ベーキングパウダーは目の粗
　いザルで合わせてふるっておく。
○P87基本のフィナンシェの下準備**2**、**4**を参照する。

作り方

1 卵白をボウルに入れて泡立て器でコシを切るように、さらりとし
　た状態になるまで溶きほぐす。グラニュー糖を入れて、30回ほ
　どすり混ぜる。

2 粉類を一度に加えて、20回ほどすり混ぜる。

3 太白ごま油を2回に分けて加え、その都度10回ずつ円を描くよ
　うにすり混ぜる。混ぜ終わったらゴムベラで周りを払いさらに同
　様に10回すり混ぜる。

4 生地をスプーンで型の9分目(25g)まで入れる。

5 210度に予熱したオーブンに型を入れ、190度で12分焼く。

6 オーブンから出したら生地をずらして粗熱をとり、冷めてきたら
　網の上に乗せてしっかり冷ます。

分量を変える比較実験

検証

4

バターの量を変える

バターはグルテンの形成を弱める働きもあり、バターを加えすぎると生地が膨らまずに沈んでしまい、バターが少ないと生地がパサついた食感に。なお、本書は発酵バターを使用しています。原材料のクリームを乳酸菌で発酵させたもので、通常のバターより香りが豊かでコクが出るため、フィナンシェを作る際には発酵バターを使用しています。

油分は生地をふっくらさせ、グルテンの形成を弱める

加えすぎるとじっとりとした食感となり生地が沈み、
加える量が少ないとパサついてしまいます。

正面

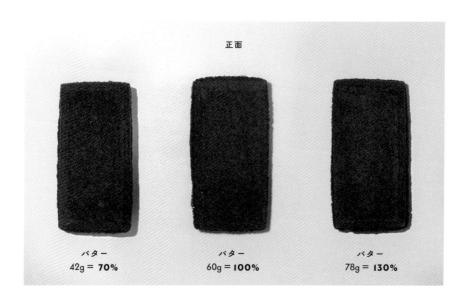

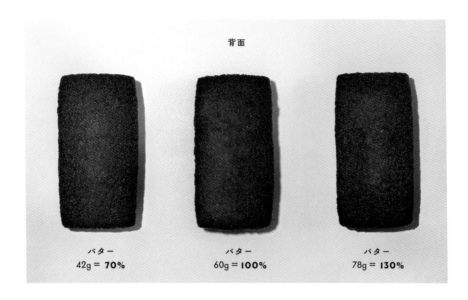

背面

バター
42g = **70%**

バター
60g = **100%**

バター
78g = **130%**

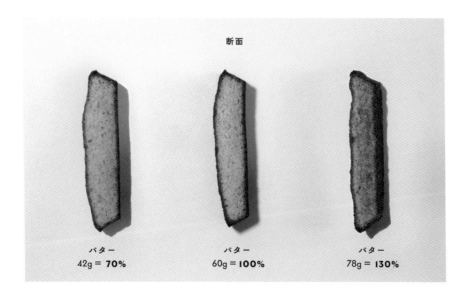

断面

バター
42g = **70%**

バター
60g = **100%**

バター
78g = **130%**

検 証

5

バターの溶かし方を変える

バターの香りを活かしたいフィナンシェの場合は、焦がしバターを使い、バターの豊かな風味と香ばしさを前面に表現します。一方、ピスタチオや柚子などのフレーバーを加える際は主張しすぎない溶かしバターを使うといいでしょう。そして、溶かしバターを作った際に、底に沈んだ白い部分を取り除いたものが澄ましバターです。純度が高くより軽い食感に。

溶かしバター   焦がしバター   澄ましバター

澄ましバターの作り方

1 電子レンジでバターを完全に溶かす。

2 常温まで温度が下がったら冷蔵庫に入れて完全に固める。

3 ボウルの裏を軽く温め、固まっている部分を取り出し、白い部分と透明の部分を分け、透明の部分のみ使用する。

※フィナンシェに入れる際は再度電子レンジで溶かして使用します。

バターの溶かし方を変えて、香りを活かす

左から溶かしバター（50gを電子レンジで溶かす）で焼いたもの、焦がしバター（60gを焦がして作る）で焼いたもの、澄ましバター（70gを溶かし、できた澄ましバター50gを使用）で焼いたものを比較。フィナンシェに加える素材によって香りの活かし方が変わります。

正面

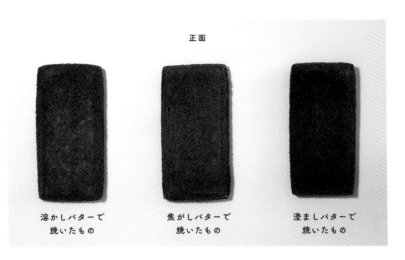

溶かしバターで
焼いたもの

焦がしバターで
焼いたもの

澄ましバターで
焼いたもの

背面

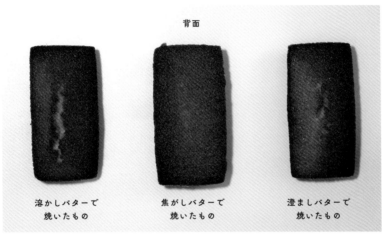

溶かしバターで
焼いたもの

焦がしバターで
焼いたもの

澄ましバターで
焼いたもの

断面

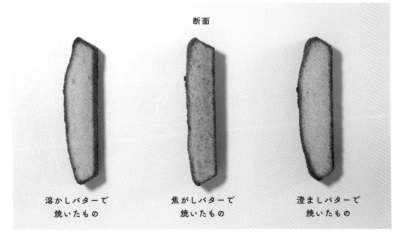

溶かしバターで
焼いたもの

焦がしバターで
焼いたもの

澄ましバターで
焼いたもの

おやつとして気軽に街のパティスリーで、そして高級ホテルのお菓子としても、様々なシチュエーションで提供されるフィナンシェ。

フランスに留学したばかりの頃、空いた時間を見つけてパティスリー巡りをし、フランスのお菓子の味を探求していました。そしてもともと大好きだったフィナンシェはどこのお店に行った時もつい購入してしまうお菓子の一つでした。

フランスのいい素材で作った焦がしバターとたっぷりのアーモンドを使ったフィナンシェはそれだけで美味しいのでプレーンのものを買うことが多いのですが、中でも印象に残っているのはブレシュクレ（Blé Sucré）のフィナンシェ。パリの有名誌のランキングにフィナンシェやパンオショコラなどが度々上位に食い込むこのお店のフィナンシェは、インゴット型ではなくミニケーク型で高さがあり、

パリで食べた
フィナンシェ

PARIS

食べ応えもあるものです。トップにかけたキャソナードがアクセント。朝ごはんとしてフィナンシェ（クロワッサンもぜひ）を購入して目の前の公園でコーヒーといただくことをおすすめします。

　ふと入ったレストランで食べたのは、デザート仕立てのフィナンシェ。フィナンシェの上にピスタチオクリームとルバーブのコンポートを盛り付けて、アイスクリームとともに提供されたデザートはコース料理の後でも食べやすく、また、フィナンシェがフルーツやナッツとの相性がいい焼き菓子なのだと実感しました。

　フィナンシェは焼きたてと日にちが経ってからと異なる食感を2度楽しめる焼き菓子です。焼きたてのフィナンシェと言われて思い出すのが、フランスで研修をしていた時にパ

リのサロンドショコラで販売の手伝いをする機会があり、接客をしていたら目の前のブースに出店していたパティシエ、クリストフフェルデール本人が持ってきてくれた焼きたてのイチジクのフィナンシェです。今思うととても貴重な体験だったと感じます。なぜいきなりフィナンシェを持ってきてくれたかというと、私の研修先のお店のパンオショコラと交換したかったとのこと。その時みんなで分け合った焼きたてフィナンシェの美味しさは今でも忘れることができません。外はカリッと中が程よいふわっと感のフィナンシェは今でも追及する食感の指標となっています。

　もう留学から帰国して何年も経ちますが、思い出の味はシンプルなものほど味と光景が脳裏に焼きついており、今でもお菓子を作る時の参考になっています。

フィナンシェのアレンジレシピ

フレーバーの種類を豊かにすることはもちろん、
フィナンシェ生地をベースにティグレやアントルメなどもご紹介します。

アーモンドチョコレートコーティング

オレンジピールを加えたフィナンシェにアーモンド入りのチョコレート
コーティングを施したもの。きび砂糖のコクがチョコレートやオレンジ
に合います。

材料（インゴット型8個分）

発酵バター…60g（常温に戻す）
卵白…60g（常温に戻す）
きび砂糖…50g
はちみつ…10g
バニラエッセンス…5滴
　（またはバニラビーンズペースト1g）
塩…1g
薄力粉…15g
強力粉…10g
アーモンドパウダー…30g
ベーキングパウダー…1g
オレンジピール…30g（1cm角にカットする）

アーモンドチョコレートコーティング

コーティング用ミルク
　チョコレート…150g
アーモンドダイス
　（ロースト）…20g

下準備

○P87基本のフィナンシェの下準備を参照する。

作り方

1 P88基本のフィナンシェの作り方**1**を参照して焦がしバター
　を作り、60度ほどを保っておく。

2 卵白をボウルに入れて泡立て器でコシを切るように、さらり
　とした状態になるまで溶きほぐす。

3 きび砂糖、はちみつ、バニラエッセンス、塩を加える。もっ
　たりツヤが出るまで泡立て器で30回ほど円を描くようにす
　り混ぜる。

4 P88基本のフィナンシェの作り方**4〜5**を参照する。

5 オレンジピールも加えてさっくり混ぜる。

6 P89基本のフィナンシェの作り方**6〜8**を参照する。

7 チョコレートコーティングを作る。ボウルにミルクチョコレ
　ートを入れ、湯煎にあて、ゴムベラで混ぜながら溶かし(a)、
　アーモンドダイスも加える(b)。

8 バットの上に網を置いてフィナンシェをセットする。生地の
　全体にチョコレートをかけ(c)、余分なチョコレートを落と
　して(d)、網の上で乾かす。

ボウルにミルクチョコレートを
入れ、50度ほどの湯煎にあて
てゴムベラで混ぜながら45度に。

アーモンドダイスも加えて混ぜ
る。

網にのせたフィナンシェの表面
全体にチョコレートをかける。

網をゆらして余分なチョコレー
トを落とす。

柚子アイシング

柚子茶で作るフィナンシェです。溶かしバターで作ることで柚子の香りが活きたフィナンシェになります。

イチゴアイシング

イチゴピューレで鮮やかなフィナンシェに。生地は鮮やかな色を出すために通常より低い温度で焼きます。

柚子アイシング

材料（インゴット型8個分）

発酵バター…50g（常温に戻す）
卵白…60g（常温に戻す）
グラニュー糖…50g
柚子茶…15g
バニラエッセンス…5滴
　（またはバニラビーンズペースト1g）
塩…1g
薄力粉…15g
強力粉…10g
アーモンドパウダー…30g
ベーキングパウダー…1g

柚子アイシング

　粉糖…75g
　柚子果汁…10〜15g
　柚子ピール…8枚
　（柚子茶から8枚取り出す）

下準備

○P87基本のフィナンシェの下準備1、2、4を参照する。

作り方

1 バターは耐熱容器に入れてラップをし、電子レンジで30秒加熱して溶かし、60度ほどを保っておく。

2 卵白をボウルに入れて泡立て器でコシを切るように、さらりとした状態になるまで溶きほぐす。

3 グラニュー糖、柚子茶、バニラエッセンス、塩を加え、もったりツヤが出るまで泡立て器で30回ほど円を描くようにすり混ぜる。

4 P88基本のフィナンシェの作り方4〜8を参照する。

5 P53のレモンアイシングを参照し、レモンを柚子果汁に替えて柚子アイシングを作る。

6 刷毛で表面にアイシングを薄く塗り、柚子ピールを1枚ずつ生地の上にのせて、天板の上に並べ、200度で1分ほど焼いて表面を乾かす。

イチゴアイシング

材料（インゴット型8個分）

発酵バター…50g（常温に戻す）
卵白…60g（常温に戻す）
グラニュー糖…40g
冷凍イチゴピューレー…30g（常温に戻す）
バニラエッセンス…5滴
　（またはバニラビーンズペースト1g）
塩…1g
薄力粉…20g
強力粉…10g
アーモンドパウダー…30g
ベーキングパウダー…1g

イチゴアイシング

　粉糖…70g
　冷凍イチゴピューレー…20g（常温に戻す）
　グリーンピスタチオ…1g（細かく刻む）

下準備

○P87基本のフィナンシェの下準備1、2を参照する。
○オーブンは天板も一緒に180度に温め、予熱する。

作り方

1 バターは耐熱容器に入れてラップをし、電子レンジで30秒加熱して溶かし、60度ほどを保っておく。

2 卵白をボウルに入れて泡立て器でコシを切るように、さらりとした状態になるまで溶きほぐす。

3 グラニュー糖、イチゴピューレ、バニラエッセンス、塩を加える。もったりツヤが出るまで30回ほど円を描くようにすり混ぜる。

4 P88基本のフィナンシェの作り方4〜6を参照する。

5 180度に予熱したオーブンに型を入れ、180度で13分ほど焼く。

6 オーブンから出したら型から生地をずらして粗熱をとり、冷めてきたら網の上にのせてしっかり冷ます。

7 P53のレモンアイシングを参照し、レモン汁をイチゴピューレに替えてイチゴアイシングを作る。

8 刷毛で表面にアイシングを薄く塗り、生地の上にグリーンピスタチオを散らし、天板の上に並べ、200度で1分ほど焼いて表面を乾かす。

フォンダンショコラ

チョコレートガナッシュを中に入れたフォンダンショコラのようなフィナンシェ。冷めてもしっとりしたガナッシュがおいしいのですが、食べる直前にレンジで20秒ほど温めるとガナッシュがトロっとします。

材料（スティック型7〜8本分）

発酵バター…50g（常温に戻す）
卵白…60g（常温に戻す）
グラニュー糖…50g
はちみつ…10g
バニラエッセンス…5滴
　（またはバニラビーンズペースト1g）
塩…1g
薄力粉…15g
アーモンドパウダー…30g
ベーキングパウダー…1g
ココアパウダー…10g

ガナッシュ

| クーベルチュールダークチョコレート
| 　…60g（細かく砕く）
| 生クリーム脂肪分36%…60g

下準備

○薄力粉、アーモンドパウダー、ベーキングパウダー、ココアパウダーは目の粗いザルで合わせてふるっておく。
○P87基本のフィナンシェの下準備2を参照する。
○オーブンは天板も一緒に190度に温め、予熱する。
○P67ガナッシュを参照し、ガナッシュを作っておく。

作り方

1 バターは耐熱容器に入れてラップをし、電子レンジで30秒加熱して溶かし、60度ほどを保っておく。

2 P88基本のフィナンシェの作り方2〜5を参照する。

3 生地とガナッシュをそれぞれ絞り袋に入れる。生地を型に15g絞り（a）、ガナッシュ15gを真ん中に絞る（b）。再度生地を15g絞る（c）。

4 190度に予熱したオーブンに型を入れ、190度で14分焼く。

5 オーブンから出したら型から外し、網の上にのせてしっかり冷ます。

絞り袋に入れた生地を型に絞る。

真ん中にガナッシュを絞り出す。

さらにガナッシュを覆うようにして生地を絞り出す。

あんバター

バターたっぷりのフィナンシェ生地
の中にあんこを忍ばせたフィナンシ
ェ。生地はあんこを覆うように絞る
ことがポイントです。

抹茶のホワイトチョコ
コーティング

抹茶の生地に抹茶を混ぜたホワイト
チョコレートをコーティング。コー
ティングの抹茶は、茶こしでふるっ
て加えるとダマになりません。

あんバター

材料（スティック型7〜8本分）

発酵バター…60g（常温に戻す）

卵白…60g（常温に戻す）

グラニュー糖…50g

はちみつ…10g

バニラエッセンス…5滴

　（またはバニラビーンズペースト1g）

塩…1g

薄力粉…15g

強力粉…10g

アーモンドパウダー…30g

ベーキングパウダー…1g

つぶあん…120g

黒ごま…適量

下準備

○P87基本のフィナンシェの下準備**1〜3**を参照する。

○オーブンは天板も一緒に190度に温め、予熱する。

作り方

1 P88基本のフィナンシェの作り方**1〜5**参照する。

2 生地とつぶあんをそれぞれ絞り袋に入れる。生地を型に15g絞り、つぶあん15gを真ん中に絞る。再度生地を10g絞る。最後に黒ごまを表面にふりかける。

3 190度に予熱したオーブンに型を入れ、190度で14分焼く。

4 オーブンから出したら型から外し、網の上にのせてしっかり冷ます。

抹茶のホワイトチョココーティング

材料（インゴット型8個分）

発酵バター…50g（常温に戻す）

卵白…60g（常温に戻す）

グラニュー糖…50g

はちみつ…10g

バニラエッセンス…5滴

　（またはバニラビーンズペースト1g）

塩…1g

薄力粉…10g

強力粉…10g

アーモンドパウダー…30g

ベーキングパウダー…1g

抹茶…5g

抹茶のコーティングチョコレート

| コーティング用ホワイトチョコレート
　　…50g

| 抹茶…1g

下準備

○薄力粉と強力粉、アーモンドパウダー、ベーキングパウダー、抹茶は目の粗いザルで合わせてふるっておく。

○P87基本のフィナンシェの下準備**2、4**を参照する。

作り方

1 バターは耐熱容器に入れてラップをし、電子レンジで30秒加熱して溶かし、60度ほどを保っておく。

2 P88基本のフィナンシェの作り方**2〜8**を参照する。

3 抹茶のコーティングチョコレートを作る。ボウルにホワイトチョコレートを入れ、50度ほどの湯煎にあててゴムベラで混ぜながら45度に溶かす。茶こしでふるった抹茶を加えてゴムベラでよく混ぜる。

4 抹茶のコーティングチョコレートをスプーンですくい、フィナンシェに線を描いていく（a）。

a

斜めに線を描くように、スプーンで少量ずつチョコレートを落としていく。

メープルパンプキン

かぼちゃのペーストをたっぷり入れ
たほくほくのフィナンシェ。かぼち
ゃは火が通りにくいので、通常より
長めに焼きます。

ヘーゼルナッツ

生地にもトッピングにもヘーゼルナ
ッツをたっぷり使ったので、よりナ
ッツの香りを引き立たせてくれます。

メープルパンプキン

材料（スティック型8本分）

発酵バター…60g（常温に戻す）
卵白…60g（常温に戻す）
メープルシュガー…50g
バニラエッセンス…5滴
　（またはバニラビーンズペースト1g）
塩…1g
かぼちゃのペースト…60g
　（皮を取り除いたもの）
薄力粉…15g
強力粉…10g
アーモンドパウダー…30g
ベーキングパウダー…1g
シナモンパウダー…1g
かぼちゃの種…適量

かぼちゃのペースト

かぼちゃは適度な大きさにカットして耐熱容器に入れ、ラップをして電子レンジで5分ほどずっと竹串が入るまで加熱する。皮を取り除いたもの60gをフォークで潰してペーストにし、冷ます。

下準備

○薄力粉と強力粉、アーモンドパウダー、ベーキングパウダー、シナモンパウダーは目の粗いザルで合わせてふるっておく。
○P87基本のフィナンシェの下準備2、3を参照する。
○オーブンは天板も一緒に190度に温め、予熱する。
○かぼちゃのペーストを作っておく。

作り方

1 P88基本のフィナンシェの作り方1を参照して焦がしバターを作り、60度ほどを保っておく。
2 卵白をボウルに入れて泡立て器でコシを切るように、さらりとした状態になるまで溶きほぐす。
3 メープルシュガー、バニラエッセンス、塩を加える。もったりツヤが出るまで泡立て器で30回ほど円を描くようにすり混ぜる。かぼちゃのペーストも加え、同様にツヤが出るまですり混ぜる。
4 P88基本のフィナンシェの作り方4〜5を参照する。
5 生地をスプーンでスティック型の9分目(35g)まで入れ、かぼちゃの種を散らす。
6 190度に予熱したオーブンに型を入れ、190度で15分焼く。
7 オーブンから出したら型から外し、網の上にのせてしっかり冷ます。

ヘーゼルナッツ

材料（インゴット型8〜9個分）

発酵バター…60g（常温に戻す）
卵白…60g（常温に戻す）
グラニュー糖…50g
はちみつ…10g
バニラエッセンス…5滴
　（またはバニラビーンズペースト1g）
塩…1g
薄力粉…15g
強力粉…10g
アーモンドパウダー…15g
ベーキングパウダー…1g
ヘーゼルナッツパウダー（皮付き）…15g

ヘーゼルナッツのキャラメリゼ

（作りやすい分量）
　グラニュー糖…20g
　水…5g
　ヘーゼルナッツ（ロースト）…50g
　無塩バター…5g

下準備

○薄力粉と強力粉、アーモンドパウダー、ベーキングパウダー、ヘーゼルナッツパウダーは目の粗いザルで合わせてふるっておく。
○P87基本のフィナンシェの下準備2〜4を参照する。
○ヘーゼルナッツのキャラメリゼを作っておく。鍋にグラニュー糖と水を入れ中火で溶かし、沸騰して砂糖が溶けるまで煮詰める。火を止めてヘーゼルナッツを入れてまぶす。ヘーゼルナッツの周りに白く砂糖がついたら再度キャラメル色に色づくまで中火にかける。火を止めてバターを入れ、オーブンシートの上に広げる。冷めたら包丁で荒く刻む。

作り方

1 P88基本のフィナンシェの作り方1〜5を参照する。
2 生地をスプーンで型の8分目(20g)まで入れ、ヘーゼルナッツのキャラメリゼを7gずつ散らす。
3 P89基本のフィナンシェの作り方7〜8を参照する。

ヘーゼルナッツを皮ごとパウダーにしたもの。

キャラメルイチジク

塩キャラメルのマドレーヌと同様、油脂の多いキャラメルが入るので、
その分バターと砂糖の量を減らします。

材料（マフィン型6個分）

発酵バター…50g（常温に戻す）
卵白…60g（常温に戻す）
グラニュー糖…40g
キャラメル…40g
バニラエッセンス…5滴
　　（またはバニラビーンズペースト1g）
塩…1g
薄力粉…15g
強力粉…10g
アーモンドパウダー…30g
ベーキングパウダー…1g
くるみ（ロースト）…20g（荒く刻む）

キャラメル

| グラニュー糖…40g
| 塩…1g
| 水…10g
| 生クリーム脂肪分36%…40g

イチジクのコンポート

| ドライイチジク…80g
| 水…80g
| グラニュー糖…40g

下準備

○P87基本のフィナンシェの下準備を参照する。
○P33キャラメルの作り方を参照し、とろみがつき、50gになるまで煮詰める。
○イチジクのコンポートを作っておく。鍋にドライイチジク、水、グラニュー糖（a）を加えて中火で沸騰させ、弱火で10分煮詰める。火を止めてそのまま冷ます（b）。冷めたら半分にカットする。

作り方

1 P88基本のフィナンシェの作り方1を参照して焦がしバターを作り、60度ほどを保っておく。
2 卵白をボウルに入れて泡立て器でコシを切るように、さらりとした状態になるまで溶きほぐす。
3 グラニュー糖、キャラメル、バニラエッセンス、塩を加え、もったりツヤが出るまで泡立て器で30回ほど円を描くようにすり混ぜる。
4 P88基本のフィナンシェの作り方4〜5を参照する。
5 生地をスプーンで型の8分目(30g)まで入れる。水気を切ったイチジクを2切れずつおき、周りにくるみを散らす。
6 P89基本のフィナンシェの作り方7〜8を参照する。

a

イチジクのコンポートを作る。グラニュー糖、水、ドライイチジクを用意する。

b

鍋に材料を入れて中火で沸騰させ、弱火にして10分煮詰める。

ラムレーズン

ラム酒とラムレーズンを加えた大人なフィナンシェ。ラム酒を加えると
香りが豊かになり、しっとりと仕上がります。

材料（インゴット型8〜9個分）

発酵バター…60g（常温に戻す）
卵白…60g（常温に戻す）
グラニュー糖…50g
はちみつ…10g
バニラエッセンス…5滴
　（またはバニラビーンズペースト1g）
塩…1g
薄力粉…15g
強力粉…10g
アーモンドパウダー…30g
ベーキングパウダー…1g
ラム酒…5g

ラムレーズン（作りやすい分量）

　干しレーズン…50g
　ラム酒…20g

下準備

○P87基本のフィナンシェの下準備を参照する。
○ラムレーズンを作っておく。レーズンは湯通しし（a）、ラム酒に
　漬ける（b）。

作り方

1 P88基本のフィナンシェの作り方**1〜4**を参照する。

2 焦がしバターを3回に分けて加え、都度10回ずつ円を描く
　ようにすり混ぜる。混ぜ終わったらゴムベラで周りを払いさ
　らに同様に10回すり混ぜる。最後にラム酒も加えて混ぜる。

3 生地をスプーンで型の8分目(20g)まで入れる。水気を切った
　ラムレーズンを表面に7gずつ散らす。

4 P89基本のフィナンシェの作り方**7〜8**を参照する。

a

ラムレーズンを作る。レーズン
はザルに入れて湯通しする。

b

器にレーズンを入れ、ラム酒を
加えて30分以上置く。

焼きいも

市販の焼きいもで簡単に作れる焼き
芋のフィナンシェ。生地にも練り込
み、ねっとり、しっとりした焼きい
もの特徴を活かしています。

白あんと柿

白あんを生地に練り込んだフィナン
シェ。しっとりほっくりした甘さに
仕上がります。

白あんと柿

材料（マフィン型6個分）

発酵バター…60g（常温に戻す）

卵白…60g（常温に戻す）

グラニュー糖…30g

バニラエッセンス…5滴

　（またはバニラビーンズペースト1g）

塩…1g

白あん…40g（ゴムベラで滑らかにしておく）

薄力粉…15g

強力粉…10g

アーモンドパウダー…30g

ベーキングパウダー…1g

干し柿…2個

下準備

○P87基本のフィナンシェの下準備を参照
　する。

○干し柿は縦に4等分にカットし、ザルに
　入れて湯通ししておく。

作り方

1　P88基本のフィナンシェの作り方**1**を参照して焦がしバターを作り、60度ほどを保っておく。

2　卵白をボウルに入れて泡立て器でコシを切るように、さらりとした状態になるまで溶きほぐす。

3　グラニュー糖、バニラエッセンス、塩を加え、もったりツヤが出るまで泡立て器で30回ほど円を描くようにすり混ぜる。生地の一部を白あんの器に入れて混ぜ、ダマをとってからボウルに戻してすり混ぜる。

4　P88の基本のフィナンシェの作り方**4～5**を参照する。

5　生地をスプーンでマフィン型の8分目（30g）まで入れる。真ん中にカットした干し柿を1切れずつのせる。

6　P89基本のフィナンシェの作り方**7～8**を参照する。

焼きいも

材料（インゴット型10個分）

発酵バター…60g（常温に戻す）

卵白…60g（常温に戻す）

きび砂糖…50g

バニラエッセンス…5滴

　（またはバニラビーンズペースト1g）

塩…1g

焼きいものペースト…40g

薄力粉…15g

強力粉…10g

アーモンドパウダー…30g

ベーキングパウダー…1g

焼きいも…70g（皮をむいてちぎる）

白ごま…適量

下準備

○P87基本のフィナンシェの下準備を参照する。

○焼きいものペーストを作っておく。焼きいもは皮をむき、40gはフォークでつぶしてペースト状にする。トッピングの焼きいも70gは皮をむいてちぎっておく。

作り方

1　P88基本のフィナンシェの作り方**1**を参照して焦がしバターを作り、60度ほどを保っておく。

2　卵白をボウルに入れて泡立て器でコシを切るように、さらりとした状態になるまで溶きほぐす。

3　きび砂糖、バニラエッセンス、塩を加え、もったりツヤが出るまで30回ほど円を描くようにすり混ぜる。焼きいものペースト40gも加え、同様にすり混ぜる。

4　P88基本のフィナンシェの作り方**4～5**を参照する。

5　生地をスプーンで型の8分目（20g）まで入れる。ちぎった焼きいもを真ん中に7gずつのせ、白ごまを散らす。

6　P89基本のフィナンシェの作り方**7～8**を参照する。

パルメザンマッシュルーム

おつまみに合う塩系のフィナンシェ。マッシュルームをたっぷり加えるとパルメザンとフィナンシェ生地との相性が良くなります。

パプリカパウダーとソーセージ

スペイン料理やハンガリー料理でよく使われる辛くないスパイス、パプリカパウダーの色と香りが特徴的なフィナンシェ。相性の良いソーセージと組み合わせました。

パルメザンマッシュルーム

材料（インゴット型8個分）

卵白…60g（常温に戻す）

薄力粉…30g

アーモンドパウダー…20g

ベーキングパウダー…2g

グラニュー糖…5g

塩…1g

粗びき黒こしょう…2g

粉チーズ（パルメザン）…40g

オリーブオイル…40g

イタリアンパセリ…5本

　（茎は除き、葉をみじん切りにする）

粉チーズ（パルメザン）…20g

マッシュルームのソテー

│ マッシュルーム…100g（スライスする）
│ 塩、粗びき黒こしょう…各適量

フライパンにオリーブオイル（分量外）を入れて熱し、マッシュルームを加えてしんなりするまで炒め、塩、粗びき黒こしょうで味付けし、耐熱容器に入れて冷ます。

下準備

○薄力粉、アーモンドパウダー、ベーキングパウダー、グラニュー糖、塩、粗びき黒こしょう、粉チーズは目の粗いザルで合わせてふるっておく。

○P87基本のフィナンシェの下準備2、4を参照する。

○マッシュルームのソテーを作っておく。

作り方

1 卵白をボウルに入れて泡立て器でコシを切るように、さらりとした状態になるまで溶きほぐす。

2 粉類を一度に加えて、20回ほどすり混ぜる。

3 オリーブオイルを3回に分けて加え、都度10回ずつ円を描くようにすり混ぜる。混ぜ終わったらゴムベラで周りを払いさらに同様に10回すり混ぜる。

4 マッシュルームのソテーを80g、イタリアンパセリを加えゴムベラでさっくり混ぜる。

5 生地をスプーンで型の8分目(20g)まで入れ、残りのマッシュルーム、粉チーズを表面にまんべんなく散らす。

6 210度に予熱したオーブンに型を入れ、190度で12分焼く。

7 オーブンから出したら型から生地をずらして粗熱をとり、冷めてきたら網の上にのせてしっかり冷ます。

パプリカパウダーとソーセージ

材料（インゴット型8個分）

卵白…60g（常温に戻す）

薄力粉…30g

アーモンドパウダー…15g

ベーキングパウダー…2g

グラニュー糖…5g

塩…1g

粗びき黒こしょう…2g

粉チーズ（パルメザン）…40g

パプリカパウダー…5g

オリーブオイル…40g

ソーセージとアスパラガスのソテー

│ ソーセージ…40g
│ 　（5mmの厚さにスライスする）
│ グリーンアスパラガス…30g
│ 　（根元から3cmほどは皮をむき3等分にする）
│ 塩、粗びき黒こしょう…各適量

フライパンにオリーブオイル（分量外）を入れて熱し、ソーセージとアスパラガス、塩、粗びき黒こしょうを加えて焼き色がつくまで炒め、耐熱容器に入れて冷ます。

下準備

○薄力粉、アーモンドパウダー、ベーキングパウダー、グラニュー糖、塩、粗びき黒こしょう、粉チーズ、パプリカパウダーは目の粗いザルで合わせてふるっておく。

○P87基本のフィナンシェの下準備2、4を参照する。

○ソーセージとアスパラガスのソテーを作っておく。

作り方

1 卵白をボウルに入れて泡立て器でコシを切るように、さらりとした状態になるまで溶きほぐす。

2 粉類を一度に加えて、20回ほど円を描くようにすり混ぜる。

3 オリーブオイルを3回に分けて加え、都度10回ずつ円を描くようにすり混ぜる。混ぜ終わったらゴムベラで周りを払いさらに同様に10回すり混ぜる。

4 生地をスプーンで型の8分目(20g)まで入れ、ソーセージとアスパラガスのソテーをトッピングする。

5 パルメザンマッシュルームの作り方6～7を参照する。

ジャスミンイチゴ

紅茶と同様、焼き菓子にジャスミン
の茶葉を入れると香りが立ちます。
サントノレチップで絞ったクリーム
にイチゴを飾り、ケーキ仕立てに。

フィナンシェタルト

フィナンシェ生地はタルト型やパウ
ンド型を使って大きく焼くこともで
きます。生地が少し軽く仕上がるよ
うに粉の分量を多めにしています。

ジャスミンイチゴ

材料（インゴット型8個分）

発酵バター…60g（常温に戻す）

卵白…60g（常温に戻す）

グラニュー糖…50g

はちみつ…10g

バニラエッセンス…5滴

　（またはバニラビーンズペースト1g）

塩…1g

薄力粉…15g

強力粉…10g

アーモンドパウダー…30g

ベーキングパウダー…1g

ジャスミンの茶葉…3g

ホイップクリーム

　生クリーム脂肪分36%…150g

　グラニュー糖…15g

　バニラビーンズペースト…1g

イチゴ…6個（6等分にカットする）

グリーンピスタチオ…1g（細かく刻む）

下準備

○P87基本のフィナンシェの下準備を参照する。

○茶葉が大きい場合は、コーヒーミルで砕くか袋に入れて麺棒ですりつぶして細かくする。

作り方

1 P88基本のフィナンシェの作り方**1〜3**を参照する。

2 粉類、茶葉を一度に加える。泡立て器で20回ほど円を描くようにすり混ぜる。ツヤが出てからさらに同様に20回ほどすり混ぜる。

3 P88基本のフィナンシェの作り方**5〜8**を参照する。

4 ホイップクリームを作る。生クリームとグラニュー糖、バニラビーンズペーストをボウルに加え、氷水にあててハンドミキサーで7分立てまで泡立てる。

5 サントノーレの口金をセットした絞り袋にホイップクリームを入れ、フィナンシェの上に左右に動かしながら絞り（a）、カットしたイチゴとグリーンピスタチオを飾る。

a

フィナンシェタルト

材料（15cmタルト型1台分）

発酵バター…90g（常温に戻す）

卵白…90g（常温に戻す）

グラニュー糖…100g

バニラエッセンス…5滴

　（またはバニラビーンズペースト1g）

塩…1g

薄力粉…45g

アーモンドパウダー…45g

ベーキングパウダー…1g

ブルーベリー…100g

アーモンドスライス…5g

泣かない粉糖…適量

下準備

○薄力粉、アーモンドパウダー、ベーキングパウダーは目の粗いザルで合わせてふるっておく。

○P87基本のフィナンシェの下準備3を参照する。

○型に刷毛で常温のバターを塗って強力粉をふるう。余分な粉をはたいて、冷蔵庫に入れておく。生地が漏れないように外側をアルミホイルで覆う。

○オーブンは天板も一緒に180度に温め、予熱する。

作り方

1 P88基本のフィナンシェの作り方1を参照して焦がしバターを作り、60度ほどを保っておく。80gほどになる。

2 P88基本のフィナンシェの作り方2を参照する。

3 グラニュー糖、バニラエッセンス、塩を加える。もったりツヤが出るまで泡立て器で30回ほど円を描くようにすり混ぜる。

4 P88基本のフィナンシェの作り方**4〜5**を参照する。

5 生地を型の9分目まで流し込み、ブルーベリーを散らし、アーモンドスライスも散らす。

6 180度に予熱したオーブンに型を入れ、180度で35〜40分焼く。

7 オーブンから出したら、型から外して網の上で冷ます。

8 冷めたら茶こしで全体に泣かない粉糖をふるう。

ティグレ

「ティグレ」はフランス語で「虎」という意味。
チョコチップがトラの模様に見えることから
名付けられたお菓子。サヴァラン型で焼き、
凹みにガナッシュやジャムを流し込みます。

ミントアプリコット

ミントとアプリコットで爽やかなティグレに。
ミントやアプリコットの香りや焼き色がきれ
いに出るように、基本のフィナンシェ生地よ
り温度を低くして焼いています。

ティグレ

材料（サバラン型7個分）

発酵バター…60g（常温に戻す）

卵白…60g（常温に戻す）

グラニュー糖…50g

はちみつ…10g

バニラエッセンス…5滴

　（またはバニラビーンズペースト1g）

塩…1g

薄力粉…15g

強力粉…10g

アーモンドパウダー…40g

ベーキングパウダー…1g

クーベルチュールダークチョコレート

　…40g（細かく刻む）

ガナッシュ（P66を参照する）

| クーベルチュールダークチョコレート
　…45g
| 生クリーム脂肪分36%…30g

下準備

○P87基本のフィナンシェの下準備**1**、**3**を参照する。

○サバラン型に刷毛で常温のバターを均一に塗っておく。

○オーブンは天板も一緒に170度に温め、予熱する。

作り方

1 P88基本のフィナンシェの作り方**1〜4**を参照する。

2 1の60度ほどの焦がしバターを3回に分けて加え、都度10回ずつ円を描くようにすり混ぜる。混ぜ終わったらゴムベラで周りを払いさらに同様に10回円を描くようにすり混ぜる。最後に刻んだチョコレートを加えて、さっくり混ぜる。

3 生地をスプーンで型の9分目（35g）まで入れる。

4 170度に予熱したオーブンに型を入れ、170度で15分焼く。

5 オーブンから出したら型から外し、網の上にのせてしっかり冷ます。

6 P67のガナッシュを参照し、ガナッシュを作る。

7 冷めた生地の真ん中に流動性のあるガナッシュを9gずつ流し込み常温で固める。

ミントアプリコット

材料（サバラン型7〜8個分）

発酵バター…60g（常温に戻す）

卵白…60g（常温に戻す）

グラニュー糖…60g

はちみつ…10g

バニラエッセンス…5滴

　（またはバニラビーンズペースト1g）

塩…1g

薄力粉…15g

強力粉…10g

アーモンドパウダー…40g

ベーキングパウダー…1g

ミントの葉…3g（葉を細かく刻む）

ドライアプリコット…40g

　（5mm角にカットする）

アプリコットジャム…約70g

下準備

○P87基本のフィナンシェの下準備**1**、**3**を参照する。

○サバラン型に刷毛で常温のバターを均一に塗っておく。

○オーブンは天板も一緒に170度に温め、予熱する。

作り方

1 P88基本のフィナンシェの作り方**1〜4**を参照する。

2 1の60度ほどの焦がしバターを3回に分けて加え、都度10回ずつ円を描くようにすり混ぜる。混ぜ終わったらゴムベラで周りを払いさらに同様に10回円を描くようにすり混ぜる。最後に刻んだミントの葉とドライアプリコットを加えて、さっくり混ぜる。

3 生地をスプーンで型の9分目（35g）まで入れる。

4 170度に予熱したオーブンに型を入れ、170度で15分焼く。

5 オーブンから出したら型から外し、網の上にのせて冷ます。

6 生地の真ん中にアプリコットジャムを9gずつ流し込む。

ラズベリーピスタチオ

サヴァラン型で焼いたフィナンシェにラズベリージャムを忍ばせ、ピスタチオクリームを絞り、ケーキのように仕上げます。

材料（サバラン型7〜8個分）

発酵バター…50g（常温に戻す）

卵白…60g（常温に戻す）

グラニュー糖…60g

バニラエッセンス…5滴

（またはバニラビーンズペースト1g）

塩…1g

ピスタチオペースト…25g

薄力粉…15g

強力粉…10g

アーモンドパウダー…40g

ベーキングパウダー…1g

冷凍ラズベリー…30g

（手でつぶして冷凍庫に入れる）

ラズベリージャム（作りやすい分量）

| 冷凍ラズベリー…100g
| グラニュー糖…50g

ピスタチオクリーム

| ピスタチオペースト…20g
| 生クリーム脂肪分36%…120g
| グラニュー糖…10g

グリーンピスタチオ…1g（細かく刻む）

上から生クリーム、グラニュー糖、ピスタチオペースト。

下準備

○P87基本のフィナンシェの下準備**1**を参照する。

○サバラン型に刷毛で常温のバターを均一に塗っておく。

○オーブンは天板も一緒に170度に温め、予熱する。

○P72ラズベリージャムを参照し、ラズベリージャムを作っておく。

作り方

1 バターは耐熱容器に入れてラップをし、電子レンジで30秒加熱して溶かし、60度ほどを保っておく。

2 卵白をボウルに入れて泡立て器でコシを切るように、さらりとした状態になるまで溶きほぐす。

3 グラニュー糖、バニラエッセンス、塩を加える。もったりツヤが出るまで泡立て器で30回ほど円を描くようにすり混ぜる。生地の一部をピスタチオペーストの器に入れてよく混ぜ、ダマがなくなったらボウルに戻してすり混ぜる。

4 P88基本のフィナンシェの作り方**4〜5**を参照する。

5 生地をスプーンで型の9分目(35g)まで入れる。冷凍ラズベリーを表面に散らす。

6 170度に予熱したオーブンに型を入れ、170度で15分焼く。

7 オーブンから出したら型から外し、網の上にのせてしっかり冷ます。

8 冷めた生地の真ん中にラズベリージャムを9gずつ流し込む。

9 ピスタチオクリームを作る。ボウルにピスタチオペーストと少量の生クリームを入れて伸ばす**(a)**。残りの生クリーム、グラニュー糖も加えてさらに混ぜ、氷水にあててハンドミキサーで8分立てまで泡立てる**(b)(c)**。

10 9を1.5cmの星口金8切をセットした絞り袋に入れて、生地の上に絞り、刻んだグリーンピスタチオを散らす。

a

ピスタチオクリームに生クリームを少量入れて溶き伸ばす。

b

滑らかになったら残りの生クリーム、グラニュー糖も加え、氷水にあてて混ぜる。

c

角が立つくらいの8分立てまでよく混ぜる。

コーヒー

苦味を感じるコーヒーとバランスの良い甘みのあるミルクチョコレート
を刻み、ガナッシュとしても加えています。

材料（サバラン型7個分）

発酵バター…60g（常温に戻す）

卵白…60g（常温に戻す）

グラニュー糖…50g

はちみつ…10g

バニラエッセンス…5滴

　（またはバニラビーンズペースト1g）

塩…1g

インスタントコーヒー…3g

　（6gのお湯で溶かす）

薄力粉…15g

強力粉…10g

アーモンドパウダー…40g

ベーキングパウダー…1g

クーベルチュールミルクチョコレート

　…30g（細かく刻む）

コーヒーガナッシュ

クーベルチュールミルクチョコレート

　…50g

生クリーム脂肪分36%…25g

インスタントコーヒー…2g

上からクーベルチュールミルクチョコレート、インスタントコーヒー、生クリーム。

下準備

○P87基本のフィナンシェの下準備1、3を参照する。

○サバラン型に刷毛で常温のバターを均一に塗っておく。

○オーブンは天板も一緒に170度に温め、予熱する。

作り方

1 P88基本のフィナンシェの作り方1〜2を参照する。

2 グラニュー糖、はちみつ、バニラエッセンス、塩を加える。もったりツヤが出るまで泡立て器で30回ほど円を描くようにすり混ぜる。溶かしたコーヒーを加えてさらに混ぜる。

3 粉類を一度に加える。20回ほど2と同様にすり混ぜる。ツヤが出てからさらに20回ほどすり混ぜる。

4 1の60度ほどの焦がしバターを3回に分けて加え、10回ずつすり混ぜる。混ぜ終わったらゴムベラで周りを払いさらに同様に10回すり混ぜる。刻んだチョコレートを加えて、さっくり混ぜる。

5 生地をスプーンで型の9分目(35g)まで入れる。

6 170度に予熱したオーブンに型を入れ、170度で15分焼く。

7 オーブンから出して型から外し、網の上にのせてしっかり冷ます。

8 コーヒーガナッシュを作る。耐熱容器で温めた生クリームにインスタントコーヒーを加えて溶かし（a）、チョコレートのボウルに一度に加える（b）。チョコレートが溶けたら（c）、泡立て器ですり混ぜる（d）。

9 冷めた生地の真ん中にコーヒーガナッシュを9gずつ流し込み常温で固める。

---

a

コーヒーガナッシュを作る。耐熱容器に生クリームを入れて電子レンジで20秒ほど温め、インスタントコーヒーを加える。

b

チョコレートのボウルにコーヒークリームを一度に入れる。

c

生クリームの温かさでチョコレートを溶かす。

d

チョコレートが溶けたら泡立て器ですり混ぜ、ツヤが出るまで乳化させる。

レモンカード

ココナッツオイルで作るフィナンシェ生地。サバラン型に酸味のあるレモンカードを流し込みます。ココナッツのほのかな香りとレモンの爽やかな香りが相性抜群です。

材料（サバラン型6個分）

卵白…60g（常温に戻す）

グラニュー糖…60g

バニラエッセンス…5滴

（またはバニラビーンズペースト1g）

塩…1g

薄力粉…25g

強力粉…10g

アーモンドパウダー…40g

ベーキングパウダー…2g

ココナッツオイル…25g（溶かす）

ココナッツファイン…10g

レモンカード（作りやすい分量）

レモン汁…40g

レモンの皮…1個分（すりおろす）

全卵…50g

グラニュー糖…50g

無塩バター…30g

トッピング用ココナッツファイン…適量

レモンカードの材料。上から無
塩バター、グラニュー糖、全卵、
レモンの皮、レモン汁。

下準備

○P87基本のフィナンシェの下準備1を参照する。

○サバラン型に刷毛で常温のバターを均一に塗っておく。

○オーブンは天板も一緒に180度に温め、予熱する。

作り方

1 卵白をボウルに入れて泡立て器でコシを切るように、さらり
とした状態になるまで溶きほぐす。グラニュー糖、バニラエ
ッセンス、塩を入れて30回ほどすり混ぜる。

2 粉類を一度に加えて、20回ほどすり混ぜる。

3 ココナッツオイルを2回に分けて加え、都度10回ずつ円を
描くようにすり混ぜる。混ぜ終わったらゴムベラで周りを払
いさらに同様に10回すり混ぜる。最後にココナッツファイ
ンも加えてさっくり混ぜる。

4 生地をスプーンで型の9分目(35g)まで入れる。

5 180度に予熱したオーブンに型を入れ、180度で15分焼く。

6 オーブンから出して型から外し、ココナッツファインを全体
にまぶし(a)、網の上にのせてしっかり冷ます。

7 レモンカードを作る。ボウルにすべての材料を入れて泡立て
器でしっかり混ぜ(b)、湯煎にかけてとろみがつくまで火に
かける(c)(d)。一度濾して(e)耐熱容器に入れて冷ます。

8 生地の真ん中にレモンカードを入れて(f)冷蔵庫で固める。

焼いて型から外したフィ
ナンシェをココナッツフ
ァインにつけてまぶす。

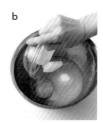

レモンカードの材料を全
て加えて、泡立て器でし
っかりまぜる。

弱火の湯煎にかけて、バ
ターが溶けるまで泡立て
器で混ぜる。

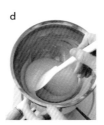

ゴムベラに持ち替えて5
分ほど混ぜ、とろみがつ
くまで火にかける。

ザルで濾してなめらかに
する。

冷めたフィナンシェの真
ん中にレモンカードを9
gずつ入れる。

モンブラン風

土台には栗粉のフィナンシェ、トップにはモンブランクリームと渋皮煮
をトッピングした栗づくしの贅沢なモンブラン風のフィナンシェ。

材料（マフィン型8個分）

発酵バター…60g（常温に戻す）

卵白…60g（常温に戻す）

グラニュー糖…50g

はちみつ…10g

バニラエッセンス…5滴
　（またはバニラビーンズペースト1g）

塩…1g

栗粉…25g

アーモンドパウダー…25g

ベーキングパウダー…1g

栗の渋皮煮…8個（半分にカットする）

ホイップクリーム

| 生クリーム脂肪分36%…100g
| グラニュー糖…10g

マロンクリーム

| マロンペースト…150g（常温に戻す）
| 無塩バター…75g（常温に戻す）
| 生クリーム脂肪分36%…10g
| ラム酒…10g

下準備

○栗粉、アーモンドパウダー、ベーキングパウダーは目の粗いザル
　で合わせてふるっておく。

○P87基本のフィナンシェの下準備2〜4を参照する。

作り方

1 P88基本のフィナンシェの作り方1〜7の作り方を参照する。

2 オーブンから出したら型から外し、網の上に乗せてしっかり
　冷ます。

3 ホイップクリームを作る。生クリームとグラニュー糖をボウ
　ルに入れ、氷水にあててハンドミキサーで8分立てまで泡立
　てる。

4 マロンクリームを作る。ボウルにマロンペーストを加え、常
　温に戻したバター、生クリーム、ラム酒の順に加えて泡立て
　器で滑らかになるまですり混ぜる。

5 生地の上に少量のホイップクリームをのせて栗の渋皮煮を置
　き（a）、周りにクリームを塗る（b）。さらに4を1cmの星口金
　8切をセットした絞り袋に入れて、生地の上に絞り（c）、渋
　皮煮をのせる。

a

生地の真ん中に少量のホイップ
クリームをのせて栗の渋皮煮の
1/2を置く。

b

スプーンで栗の周りにホイップ
クリームを栗を包むように塗る。

c

周りに星口金をセットした絞り
袋でマロンクリームを絞ってい
く。

タルトタタン風

リンゴのキャラメリゼをのせてタルトタタンのようなケーキスタイルに。
ホイップクリームを絞ります。

材料（マフィン型8個分）

発酵バター…60g（常温に戻す）
卵白…60g（常温に戻す）
グラニュー糖…50g
はちみつ…10g
バニラエッセンス…5滴
　　（またはバニラビーンズペースト1g）
塩…1g
薄力粉…15g
強力粉…10g
アーモンドパウダー…30g
ベーキングパウダー…1g

リンゴのキャラメリゼ

| グラニュー糖…90g
| 水…10g
| リンゴ…1個（正味200g）
|　　（皮と芯を除き、5mm角に切る）
| 無塩バター…10g

ホイップクリーム

| 生クリーム脂肪分36%…150g
| グラニュー糖…15g

下準備

○ P87基本のフィナンシェの下準備を参照
する。
○ リンゴのキャラメリゼを作っておく（a）
（b）（c）。

リンゴのキャラメリゼ
の材料。上からグラニ
ュー糖、水、無塩バタ
ー、カットしたリンゴ。

作り方

1 P88基本のフィナンシェの作り方1〜5を参照する。

2 生地をスプーンで型の9分目(25g)まで入れる。リンゴのキャ
ラメリゼを5gずつ生地の真ん中に置く。

3 210度に予熱したオーブンに型を入れ、210度で4分、その
まま温度を下げて170度で7分で焼く。

4 オーブンから出したら型から外し、網の上に乗せてしっかり
冷ます。

5 ホイップクリームを作る。生クリームとグラニュー糖をボウ
ルに入れ、氷水にあててハンドミキサーで8分立てまで泡立
てる。

6 4の真ん中にリンゴのキャラメリゼ10gをのせ(d)、キャラメ
リゼの周りに絞り袋にホイップクリームを入れて絞る(e)。
残りのリンゴをトップにのせる。

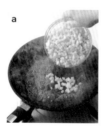

リンゴのキャラメリゼを
作る。フライパンにグラ
ニュー糖の半分と水を入
れて中火でキャラメルを作り、
火を止めてリンゴを加え
てキャラメルを絡ませる。

全体的に絡まったら再度
中火にかけ、残りのグラ
ニュー糖を入れてさらに
色をつけていく。

しっかり色づいたらバタ
ーを加えてさらに水分が
飛ぶまで炒め、耐熱容器
に入れて冷ます。

生地の真ん中にスプーンでリン
ゴのキャラメリゼを10gずつの
せる。

1cmの星口金8切をセットした
絞り袋にホイップクリームを入
れ、キャラメリゼの周りに絞る。

滑らかプリン

フィナンシェを作る際に余った卵黄を使って
プリンを作りました。生クリームを加えて濃
厚なプリンにします。

ドッターブッセル

卵黄を使ったオーストリアの絞り出しクッキ
ー。ホロっとしたクッキー生地にアプリコッ
トジャムをはさんでチョコレートをかけます。

滑らかプリン

材料（ミルクボトル90cc 6個分）

キャラメル
| グラニュー糖…100g
| 水…30g
| 熱湯…30g

プリン生地…50g
| 全卵…150g（3個分）
| 卵黄…40g（2個分）
| グラニュー糖…80g
| 生クリーム脂肪分36%…100g
| 牛乳…300g
| バニラエッセンス…10滴

下準備

○オーブンは天板も一緒に140度に温め、予熱する。

○キャラメルを作っておく。鍋に入れたグラニュー糖100g、水30gを中火にかけてキャラメル色になったら火を止めて熱湯を注ぎ入れてまわし、瓶の底に流し込む。

作り方

1 ボウルに全卵、卵黄、グラニュー糖を入れて30秒ほど円を描くようにすり混ぜる。生クリームも加えてすり混ぜる。

2 鍋に牛乳とバニラエッセンスを加え、沸騰直前まで中火で温める。

3 1に2を3回に分けて加える。

4 ザルで3をこし、バットにおいた瓶に流し込む。

5 バットに50度のお湯を2cmほど張り、140度に予熱したオーブンに入れ、140度で30～40分焼く。風が強いオーブンの場合はアルミホイルで上を覆う。容器を傾けた時に中の生地が液体状でなければが焼き上がりの目安。液体状であれば時間を延長して焼く。

6 湯煎から取り出し粗熱がとれたら冷蔵庫に入れて冷やす。

ドッターブッセル

材料（20セット分）

無塩バター…35g（常温に戻す）
グラニュー糖…35g
卵黄…40g（2個分）
薄力粉…60g
アプリコットジャム…50g
コーティング用ダークチョコレート…50g

下準備

○薄力粉は目の粗いザルでふるっておく。

○オーブンは180度に温め、予熱する。

作り方

1 ボウルにバターとグラニュー糖を入れ、ハンドミキサーで白っぽくふわっとした状態になるまで混ぜる。

2 卵黄を一個ずつ加え、都度ツヤが出るまで混ぜる。

3 ゴムベラに持ち替えてふるった薄力粉を3回に分けて加え、下からすくうように混ぜる。

4 1cmの丸口金をセットした絞り袋に生地を入れ、天板から5mmほど離したところから2cmほどの丸型に薄く絞る。

5 180度に予熱したオーブンに天板を入れ、180度で8分ほど焼き、天板ごと網の上にのせて冷ます。

6 5を2枚1組にし、片方にアプリコットジャムをスプーンで落とし、もう片方で挟む。

7 オーブンシートの上に6を置き、電子レンジで30秒ほど溶かしたダークチョコレートをスプーンで上から線を描くように垂らし、常温で乾かす。

加藤里名（かとう りな）

菓子研究家。大学卒業後、会社員として働きながら「イル・ブルー・シュル・ラ・セーヌ」でフランス菓子を学び、退職後に渡仏。パリの「ル・コルドン・ブルー」の菓子上級コースを修め、その後は人気パティスリー「ローラン・デュシェーヌ」にスタージュとして勤務。帰国後の2015年より東京・神楽坂にて「洋菓子教室Sucreries」を主宰。伝統的なフランス菓子のみならず、最新のトレンドを踏まえた洋菓子を、焼き菓子の販売や書籍、雑誌などで広く発信している。著書に『そのまま食べてもおいしい！ ふわふわスポンジ生地のお菓子』『あれもこれも作れる！ パウンド型のいちばんおいしいお菓子たち』（ともに主婦と生活社）、『はじめてのクッキー缶』（家の光協会）、『レモンのお菓子づくり』（誠文堂新光社）など。

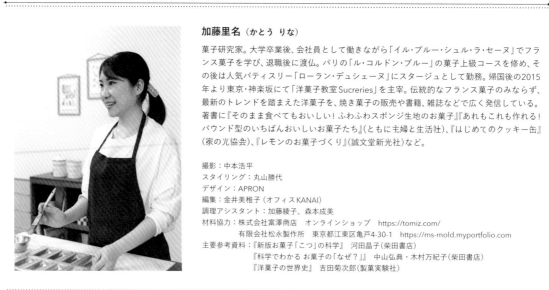

撮影：中本浩平
スタイリング：丸山勝代
デザイン：APRON
編集：金井美椎子（オフィスKANAI）
調理アシスタント：加藤綾子、森本成美
材料協力：株式会社富澤商店　オンラインショップ　https://tomiz.com/
　　　　　有限会社松永製作所　東京都江東区亀戸4-30-1　https://ms-mold.myportfolio.com
主要参考資料：『新版お菓子「こつ」の科学』 河田晶子（柴田書店）
　　　　　　　『科学でわかる お菓子の「なぜ？」』 中山弘典・木村万紀子（柴田書店）
　　　　　　　『洋菓子の世界史』 吉田菊次郎（製菓実験社）

配合、材料の検証と48のアレンジレシピ

マドレーヌとフィナンシェの実験室

2022年9月17日　発　行　　　　　　　　　　　NDC596
2024年2月5日　第2刷

著　　　者　加藤里名
発　行　者　小川雄一
発　行　所　株式会社 誠文堂新光社
　　　　　　〒113-0033 東京都文京区本郷 3-3-11
　　　　　　電話 03-5800-5780
　　　　　　https://www.seibundo-shinkosha.net/
印刷・製本　図書印刷 株式会社

©Sucreries LLC. 2022　　　　　　　　　　　　　　Printed in Japan

ISBN978-4-416-52220-2